Direito Penal
do Trabalho

Joseval Peixoto
JB Oliveira
Gleibe Pretti

Direito Penal do Trabalho

LTr

LTr®
EDITORA LTDA.
© Todos os direitos reservados

Rua Jaguaribe, 571
CEP 01224-003
São Paulo, SP — Brasil
Fone: (11) 2167-1101
www.ltr.com.br
Fevereiro, 2019

Projeto Gráfico e Editoração Eletrônica: Peter Fritz Strotbek – The Best Page
Projeto de Capa: Fabio Giglio
Impressão: BOK2

Versão impressa: LTr 6159.3 — ISBN 978-85-361-9909-2
Versão digital:　LTr 9509.7 — ISBN 978-85-361-9925-2

Dados Internacionais de Catalogação na Publicação (CIP)
(Câmara Brasileira do Livro, SP, Brasil)

Peixoto, Joseval
　　Direito penal do trabalho / Joseval Peixoto, JB Oliveira, Gleibe Pretti. — São Paulo : LTr, 2018.

　　Bibliografia.
　　ISBN 978-85-361-9909-2

　　1. Direito do trabalho - Brasil 2. Direito penal — Brasil I. Oliveira, JB. II. Pretti, Gleibe. III. Título.

18-21936　　　　　　　　　　　　　　　　　　　　CDU-343:331(81)

Índice para catálogo sistemático:
1. Brasil : Direito penal do trabalho　　343:331(81)

Cibele Maria Dias – Bibliotecária – CRB-8/9427

Breve Biografia dos Autores

Dr. Joseval Peixoto

Joseval Peixoto Guimarães Filho da região da alta sorocabana, Joseval é neto de Chico Isidoro, português fundador da cidade de Rancharia e seus pais, Josephina de Oliveira e Walter Peixoto Guimarães. Curiosamente, nasceu no Rio de Janeiro, em 26 de setembro de 1938, mas não cresceu naquela cidade. Ele diz: "Sou carioca de nascimento por acaso. Jornalista, âncora do Jornal da Manhã da Rádio Jovem Pan, ex-âncora no SBT Brasil, no SBT; atua como profissional desde 1954, tendo atuado nas Rádios Presidente Prudente, Bandeirantes e Tupi e SBT (TV). Locutor Esportivo, tendo narrado as Copas de '70 no México e '78 na Argentina. Advogado Criminalista, sócio da empresa Joseval Peixoto, Scalon e Guimarães Advogados juntamente com sua esposa, Etelvina Scalon Guimarães e seu filho, Carlos Eduardo Peixoto Guimarães.

É também Poeta e Autor de músicas como "Oi Nóis Aqui Tra Veis" (com Geraldo Blota, "Demônios da Garoa"). Nos seus quase 60 anos de carreira como Jornalista, foi laureado com prêmios e honrarias que incluem os troféus "Roquette Pinto" (foram 4 ao todo), Troféu "Bandeirante", Troféu "Bola de Ouro" (RJ), a "Medalha Anchieta", da Câmara Municipal de São Paulo, "Cidadão Paulistano" (2008), "Cidadão Prudentino" (2007), Sócio Honorário do Rotary Club de Embu/SP. Formação Acadêmica: Faculdade de Direito da Universidade de São Paulo (USP) – (1965). Membro: Ordem dos Advogados do Brasil (OAB-SP), Secção de São Paulo; Associação dos Advogados de São Paulo (AASP); INEEA – Instituto Nacional de Estudos Ambientais Avançados, Membro do Sindicato dos Jornalistas de São Paulo. Esposa – Etelvina Scalon Guimarães 3 Filhos – (1) Ana Maria Peixoto Guimarães de Araújo, casada com Marcos Roberto de Araújo, 2 filhas: Débora e Mariana; (2) Carlos Eduardo Peixoto Guimarães, casado com Melissa Donato Guimarães, 2 filhos: Luis Felipe e Maria Clara; e (3) Claudia Cristina Peixoto Guimarães, casada com Eduardo Enfeldt, 2 filhos: Matheus e Luiza.

Joseval Peixoto, nome famoso no rádio que soube também marcar seu nome na Advocacia, veio do interior de São Paulo e fez a festa em 1970, quando narrou para todo o País os últimos 30 minutos do jogo final da Copa do México, entre Brasil e Itália. Havia uma única linha telefônica do México para o Brasil e as rádios foram obrigadas a transmitir os jogos em conjunto, realizando sorteios entre si para escolher os locutores de cada partida.

Joseval ganhou a transmissão dos derradeiros 30 minutos da final. Entrou quando o jogo estava empatado em 1x1. E para sua sorte, e glória geral da Nação, a seleção canarinho marcou mais três gols e deu ao Brasil a vitória por 4x1 e o título de tricampeão mundial de futebol. "Foi a maior emoção da minha vida de radialista. E também a coroação de uma carreira que iniciei aos 15 anos, ainda no interior de São Paulo", conta ele, que chega agora aos 50 anos de rádio e aos 33 de Advocacia. Para poder dedicar-se à Advocacia, Joseval Peixoto abandonou a locução esportiva, que exigia viagens constantes, e passou a fazer só rádio-jornalismo. Há 23 anos é âncora do "Jornal da Manhã" da "Rádio Jovem Pan", que atinge 20 milhões de ouvintes em quase 1.500 cidades. Há três anos, Joseval Peixoto chegou a aposentar-se do rádio e ficou afastado mais de um ano, período em que foi acometido por uma série de moléstias. "Tive de tudo. Aerofagia, úlcera duodenal, enxaqueca, gripes constantes. Resolvi então voltar para a rádio e nunca mais tive nada", diz. Na Advocacia, dedicou-se à área criminal, com destaque para o tribunal do júri. Atualmente, por força da demanda, dedica-se mais ao Direito Penal econômico e ao Direito do Consumidor. "O destino do escritório mudou em razão da clientela e, embora gostasse muito do júri, já faz uns 10 anos que não faço júri", declara.

Um carioca caipira

Filho da região da alta sorocabana, Joseval é neto de Chico Isidoro, português fundador da cidade de Rancharia. Curiosamente, nasceu no Rio de Janeiro, em 26 de setembro de 1938. "Sou carioca de nascimento por acaso. Na época, meu avô tinha três serrarias e resolveu exportar madeira para Portugal. Meus pais, Josefina de Oliveira e Walter Peixoto Guimarães, recém-casados, foram para o Rio para cuidar das exportações. Mas não deu certo. Logo estourou a 2ªGuerra Mundial, os negócios estagnaram e meu avô faliu", conta.

Aos dois anos, Joseval — nome que mistura Josefina, da mãe, com Walter, do pai — já morava em Rancharia. Mas as agruras dos tempos de guerra fizeram com que a família migrasse para o norte do Paraná. Seus pais fixaram-se em Arapongas, onde Joseval concluiu o primeiro grau. Isso era tudo o que a pequena cidade paranaense podia oferecer em termos de estudo.

Assim, Joseval foi recambiado para um colégio interno em Paraguaçu Paulista, onde concluiu o ginásio e teve um professor inesquecível. "O professor Célio Rodrigues Siqueira, que dirigia o internato, era um educador em toda a acepção da palavra. O colégio era interno, mas não tinha muros nem grades. Todos aprenderam com ele a conviver em harmonia e a respeitar uns aos outros", faz questão de registrar.

E foi em Paraguaçu, aos 15 anos, que Joseval teve as primeiras experiências com o microfone. Mas o desabrochar para a profissão aconteceu mesmo em Presidente Prudente, para onde se mudou em 1955 a fim de terminar o colegial. Lá, ingressou na Rádio Presidente Prudente. Possuidor de bela voz, grave e macia, foi arrebanhando simpatias. Foram surgindo novos trabalhos: leu crônicas, foi rádio-ator, "manchetteiro" de jornal-falado, apresentou programas de auditório, narrou missa, futebol, carnaval e foi apresentador em palanques políticos. Aos 18 anos, já tinha uma extensa experiência.

Poder-se-ia dizer que ele é um radialista que virou advogado, mas não é bem assim. Afinal, as duas vocações se manifestaram desde cedo. O rádio chegou primeiro, pois não exigia diploma universitário e a profissão podia ser exercida em qualquer lugar do País.

Arcadas, o sonho

O sonho de fazer Direito na Universidade de São Paulo (USP), na velha academia do Largo de São Francisco, era acalentado por Joseval Peixoto desde a adolescência.

"Era complicado mudar para a capital. A estrada era de terra. Ia ficar longe da família, da namorada. E precisava de um emprego que me sustentasse enquanto estivesse na faculdade. Felizmente, tive sorte", recorda. Na época, o locutor da Rádio Bandeirantes, Edson Leite, que costumava ir para o interior transmitir os jogos finais do campeonato da Primeira Divisão, ouviu uma narração de Joseval Peixoto, gostou e convidou-o para trabalhar em São Paulo.

"Era tudo o que precisava. Vim para São Paulo já contratado pela Rádio Bandeirantes, como locutor esportivo, o que me permitiu fazer meu sonhado curso de Direito, na escola que tanto fascínio exercia sobre mim", relata.

A família ficaria longe, mas a namorada...bem, esse problema também se resolveu. A família de Etelvina — esse é o nome da mulher por quem Joseval se enamorou no colégio e com a qual se casou — havia acabado de mudar-se para a capital. Portanto, quando Joseval aqui chegou já tinha também onde morar: a casa da família da namorada.

A primeira coisa que fez foi matricular-se no cursinho Tolosa Castelões, que ficava na Rua São Bento e era especializado em vestibular para Direito. "Foi lá que aprendi Latim e me preparei para o vestibular da São Francisco", diz.

Entrou na faculdade em 1961. Nesse mesmo ano, ocorreram as primeiras greves em rádios e jornais. "Não havia nem Sindicato dos Jornalistas e fomos assessorados pelo Sindicato dos Bancários. Reivindicávamos um salário mínimo profissional por cinco horas de trabalho. E conseguimos. A greve foi vitoriosa", informa.

Nas Arcadas, dedicou-se ao curso e nunca se envolveu com a política estudantil, embora se declare um homem de esquerda. A desenvoltura adquirida ao longo da trajetória no rádio acabou por fazer a diferença e Joseval Peixoto foi escolhido o orador da sua turma de 1965. Entre os professores que mais o marcaram estão Goffredo da Silva Telles Júnior, Basileu Garcia e Canuto Mendes de Almeida. Este último deu-lhe só algumas aulas, já no final do curso, mas proporcionou-lhe uma grande lição, ao ensinar que o processo não é um direito do juiz, nem do delegado, nem do promotor, mas sim um direito do réu. "Aquelas palavras marcaram-me para sempre. Nunca mais as esqueci e só fui compreendê-las em toda a sua extensão quando as ditaduras militares, a daqui e a da Argentina, mataram muita gente. E essa tragédia não teria acontecido se tivesse havido um processo para aquelas pessoas", relembra. Com Etelvina, em 1963, Joseval foi contratado pela Rádio Record com um salário invejável. "O salário mínimo da profissão era de Cr$ 11 mil e eu fui ganhar Cr$ 250 mil. Não sabia o que fazer com tanto dinheiro. Comprei um carro novo sem saber guiar", confessa. Naquele mesmo ano, Joseval casou-se com Etelvina e nasceu a primeira filha do casal, Ana

Maria, hoje dentista. Depois vieram Cláudia Cristina, também dentista, e Carlos Eduardo, advogado. Os netos já são quatro: Débora, 23, Mariana, 20, Luís Felipe, 14 e Maria Clara, 7. Etelvina, que era professora e tinha cursado Pedagogia, depois que os filhos cresceram resolveu também fazer Direito e tornar-se advogada. O casal completou este ano 48 anos de casamento.

Joseval Peixoto não começou a advogar logo que saiu dos bancos das Arcadas. Ele havia planejado iniciar a carreira de advogado quando se consagrasse no rádio e pudesse impor um contrato de trabalho. A consagração veio em 1970, na Copa do Mundo. Assim que voltou do México, procurou o escritório de Idel Aronis — que fica no mesmo prédio onde ele está hoje instalado — e foi contratado para atuar na área criminal. Era o que queria, o que gostava. Já tinha feito estágio no Ministério Público, quando estava no 5º ano da faculdade, com o promotor Ítalo Paulucci, que atuava na 5ª Vara Criminal de São Paulo. No começo da carreira, chegou a exercer o cargo de promotor da Justiça Militar do Estado de São Paulo. "Tenho essa passagem mais como um ato de bondade do ilustre presidente do tribunal, Gualter Godinho, do que por mérito", diz com modéstia. Uns dois anos depois de ter começado a advogar, Joseval Peixoto montou sua própria banca na Rua Senador Feijó, equidistante da Catedral da Sé e da Faculdade de Direito da USP. Dedicou-se ao júri por cerca de 10 anos e lá conviveu com grandes advogados, como Waldir Troncoso Peres, Raimundo Paschoal Barbosa e Márcio Thomaz Bastos, entre outros.

Indagado sobre algum caso marcante, responde que nunca se refere a nomes e fatos passados. Para ele, o advogado criminalista não tem o direito de recordar os fatos de repercussão e os nomes dos clientes que defendeu. "São assuntos que pertencem ao passado. São feridas já cicatrizadas de seres humanos e não é justo reabrir essas feridas. Os romanos já diziam *reus res sacra est*, ou seja, o réu é uma coisa sagrada", explica. "O advogado criminalista é padre, médico e psicólogo da família do preso. Quando o caso termina, esse cliente e sua família, passam a evitá-lo. E o motivo é que olhar, encontrar e falar com o advogado que o defendeu significa reabrir velhas feridas, coisas que eles querem esquecer", ensina. Segundo Joseval Peixoto, o advogado criminalista precisa ser paciente e compreensivo. "Como cobrar honorários de um cliente preso? Eu não cobro. No máximo, vou cobrar o mínimo dele por um *habeas corpus*, quando ele já estiver em liberdade, aqui na minha sala. Antes, quem vem é a mãe, o filho, a esposa. Se cobrar deles, vendem a casa, tudo o que tiverem para contratar o advogado", justifica. Sobre os homicidas, Joseval assegura não haver arrependimento neles. "O homicida rompeu a barreira moral e acha que tem razão para ter feito o que fez. E o advogado que o defende não precisa mentir. É só contar a história de vida deste criminoso, expondo ao jurado as condições em que ele matou e levando-o a considerar que, naquelas circunstâncias, ele também mataria", comenta. Sigilo profissional. Nos últimos tempos, a mídia em geral tem feito críticas aos advogados criminalistas e o Judiciário tem sucumbido ao clamor público impondo medidas, como a revista do advogado que vai visitar o cliente na prisão, que têm sido repudiadas pela classe. Joseval Peixoto defende que o sigilo entre profissional e cliente seja absoluto, de modo a garantir a ampla defesa e liberdade do advogado. Também condena a revista dos advogados mediante apalpação e exame do conteúdo da pasta do profissional. "E é muito fácil resolver isso. É só revistar o preso antes e depois da visita do advogado que acaba o problema." Ele acredita que haja um erro de avaliação da sociedade em relação ao advogado criminalista e à violência. "É preciso que expliquemos que não é aumentando o tamanho do chicote, como dizia o Raimundo (Paschoal Barbosa), que se resolve o problema da violência. Porém, não se pode permitir que o preso faça da prisão o quartel general da quadrilha. E é aí que é preciso alterar a lei, para que os que fazem da prisão a sede do bando sejam processados por mais esse crime. Um novo processo para mais um novo crime. E nesse caso, o preso não teria o benefício da progressão da pena", conclui.

Dr. J. B. Oliveira

Como Joseval Peixoto, João Baptista de Oliveira também é caipira, da alta sorocabana. Nasceu e viveu em Presidente Prudente até o início da adolescência. Ali teve o primeiro contato com a imprensa, por meio de "A Voz do Povo", órgão que publicou seu primeiro texto, um breve conto intitulado "O Aposentado", que escreveu aos 14 anos. Mudou-se com a família para São Paulo, de onde só saiu para cursar a Escola Militar da Força Aérea Brasileira. Ali produziu e apresentou seu primeiro programa de rádio: "Aeronáutica no Ar". Aos 21 anos, formado Controlador de Voo, foi classificado em São Paulo, atuando no Aeroporto de Congonhas. Ingressou no curso de Ciências Jurídicas e Sociais e, ao mesmo tempo, começou a lecionar. Ministrou seminários de Legislação do Trabalho e Legislação Previdenciária pelo Centro do Comércio do Estado de São Paulo, em todo o território estadual. Criou o Curso de Oratória no início dos anos 1970 e passou a ministrá-lo. Mais tarde, passou seu método exclusivo para o livro "Falar Bem é Bem Fácil", publicado pela Madras Business. Escreveu, em seguida, "Como Organizar Eventos — Cerimonial e Protocolo na Prática" e outros 5 livros. Atuou como chefe de cerimonial e mestre de cerimônias de instituições como Associação Comercial de São Paulo, Sindicato das Empresas de Serviços Contábeis, Fenacor, OAB, CIEE e outras. É também radialista e apresentador de TV. Como jornalista, escreve para diversos jornais e revistas. Foi presidente da Associação Paulista de Imprensa e é o atual vice-presidente da Imprensa Oficial do Estado. É presidente do Conselho Curador da Fundação Santos Dumont, da Sociedade Amigos da Cidade e do Instituto JBOliveira de Educação e Capacitação Profissional. Pertence ao quadro de conferencistas da OAB São Paulo, CRECI, CIEE e ADESG — Associação dos Diplomados da Escola Superior de Guerra. Docente dos cursos de Mestrado e Doutorado da Polícia Militar do Estado de São Paulo. Consultor de Comunicação do IPESP – Instituto para Valorização da Educação e Pesquisa do Estado de São Paulo. Membro do Instituto Histórico e Geográfico de São Paulo, da Academia Cristã de Letras e da Academia William Shakespeare.

Em 1998, na Universidade São Francisco, o então acadêmico Gleibe Pretti foi seu aluno no curso de Oratória.

Dr. Gleibe Pretti

Bacharel em Direito pela Universidade São Francisco

Pós-Graduado em Direito Constitucional pela UNIFIA

Pós-Graduado em Direito e Processo do Trabalho pela UNIFIA

Mestre pela Universidade de Guarulhos — UnG/Univeritas

Doutorando pela Universidade São Caetano do Sul — USCS

Advogado e Perito Judicial

Professor Universitário e de Cursos Preparatórios

Coordenador do Curso de direito da Faculdade Paschoal Dantas da graduação e da pós-graduação

Coordenador da pós-graduação da faculdade Piaget.

Editor-Chefe da revista educação da Universidade de Guarulhos

Autor de diversas obras na área trabalhista

Membro da comissão de Graduação e Pós-graduação da OAB-SP

Facebook: Professor Gleibe Pretti

Twitter e Instagram: @gleibe

(11) 9.8207-3053

Sumário

Apresentação 17

Prefácio 19

Capítulo 1 — Conceito, Autonomia e Fontes do Direito do Trabalho 21
1.1. Conceito de Direito Processual do Trabalho 21
1.2. Natureza jurídica 21
1.3. Autonomia do Direito Processual do Trabalho 21
1.4. Eficácia da lei processual do trabalho no espaço 22
1.5. Eficácia da lei processual no tempo 22
1.6. Princípios do direito processual do trabalho 23
1.7. Princípios específicos 23
    1.7.1. Dispositivo 23
    1.7.2. Princípio da simplicidade dos atos processuais 24
    1.7.3. Inquisitivo 24
    1.7.4. Concentração 25
    1.7.5. Princípio da despersonalização do empregador 26
    1.7.6. Princípio da extra-petição 27
    1.7.8. Oralidade 27
    1.7.9. Identidade física do juiz 28
    1.7.10. Imediação 28
    1.7.11. Irrecorribilidade 28
    1.7.12. Contraditório e ampla defesa 29
    1.7.13. Imparcialidade 30
    1.7.14. Livre convicção 30
    1.7.15. Motivação das decisões 30
    1.7.16. Conciliação 31
    1.7.17. *Jus postulandi* 31
    1.17.18. Devido processo legal 32

1.7.19. Duplo grau de jurisdição	33
1.17.20. Boa-fé	33
1.17.21. Eventualidade	34
1.17.22. Preclusão	34
1.17.23. Perempção	35
1.7.24. Impugnação especificada	35
1.17.25. Proteção	35

Capítulo 2 — Partes e Procuradores 37

2.1. Partes e procuradores	37
2.1.1. Conceito	37
2.1.2. Denominação	38
2.1.3. Capacidade	39
2.1.4. Capacidade de ser parte	39
2.1.4. Capacidade processual	40
2.1.5. *Jus postulandi*	43
2.1.6. Honorários advocatícios e assistência judiciária gratuita	46
2.1.7. Representação e assistência	53
2.1.8. Representação das pessoas físicas	54
2.1.9. Representação do empregado por sindicato	54
2.2. Representação do empregado por outro empregado	54
2.2.1. Representação na reclamatória plúrima e na ação de cumprimento	55
2.2.2. Representação dos empregados menores e incapazes	55
2.2.3. Representação das pessoas jurídicas e outros entes sem personalidade	57
2.2.4. Representação por advogado	60
2.2.5. Estagiário	61
2.2.6. O dever de lealdade, veracidade e boa-fé das partes e de seus procuradores	61
2.2.7. Litigância de má-fé	63
2.2.8. Mandato tácito e *apud acta*	65
2.2.9. Substituição processual	67
2.3. Sucessão processual	70

Capítulo 3 — Organização da Justiça do Trabalho 73

3.1. Organização da Justiça do trabalho — Órgãos da Justiça do Trabalho	73
3.1.1. Tribunal Superior do Trabalho	73
Tribunal Pleno	74
Seção Administrativa (especial)	74
Seção Especializada em Dissídios Coletivos	74
3.1.2. Tribunais Regionais do Trabalho	74
3.1.3. Juízes do Trabalho.	75

3.2. Órgãos auxiliares	75
3.2.1. Secretária	75
3.2.2. Oficiais de Justiça avaliador	76
3.2.3. Contadoria	76

Capítulo 4 — Competência da Justiça do Trabalho 77

4.1. Conceito (competência é a parcela de jurisdição atribuída a cada juiz)	77
4.2. Competência material	78
Ações de servidor da administração pública estatutário	79
Trabalho parassubordinado e a competência material da Justiça do Trabalho	79
Doutrina	79
Complementação de Aposentadoria ou de Pensão	84
Competência da Justiça do Trabalho para julgar ação com pedido de indenização de dano moral sofrido na fase pré-contratual	85
A jurisprudência declina	86
Competência para decidir ação movida por atleta profissional de futebol	86
Súmulas do Superior Tribunal de Justiça e a competência material trabalhista	87
4.2.1. A competência em razão do local	87
Empresas que promovem atividades fora do lugar do contrato	88
Foro de eleição e a competência territorial trabalhista	88
4.2.2. Competência funcional	88
Competência Recursal dos Tribunais Regionais do Trabalho	89
4.2.3. Modificação de competência	89
4.2.4. Conexão	89

Capítulo 5 — Ministério Público do Trabalho 90

5.1. Análise do conceito	90
5.2. Natureza jurídica da instituição	91
5.3. Natureza jurídica da sua atuação	91
5.4. Princípios institucionais	91
5.4.1. Unidade	91
5.4.2. Indivisibilidade	91
5.4.3. Independência funcional	91
5.4.5. Princípio do promotor natural	92
5.5. A Constituição Federal de 1988 e os diversos ramos do Ministério Público	92
5.6. Competência para atuação de cada um dos ramos do Ministério Público da União	92
5.6.1. Competência para atuação do Ministério Público Federal	92
5.6.2. A competência para atuação do Ministério Público Militar	93
5.6.3. Competência para atuação do Ministério Público do Distrito Federal e Territórios	93
5.6.4. Competência para atuação do Ministério Público do Trabalho	93

5.7. Do Ministério Público dos Estados 93
5.8. Ministério Público Eleitoral 94
5.9. Ministério Público do Tribunal de Contas 94
5.10. Conselho de Assessoramento do Ministério Público União 94
5.11. Conselho Nacional do Ministério Público 95
5.12. Procuradores gerais 97
    5.12.1. O Procurador-Geral da República.. 97
    5.12.2. Vice-Procurador da República 98
    5.12.3. Destituição do cargo de Procurador-Geral da República 98
5.13. Procurador-Geral de Justiça.. 99
5.14. Destituição do cargo de Procurador-Geral de Justiça 99
5.15. Procurador Geral de Justiça do Distrito Federal e Territórios 99
    5.15.1. Destituição do Procurador de Justiça do Distrito Federal e Territórios..... 99
5.16. Atribuições do Procurador-Geral da República... 99
5.17. Garantias do Ministério Público 100
5.18. Garantias asseguradas a instituição... 100
5.19. Garantias dos membros da Instituição 101
    5.19.1. Vitaliciedade... 101
    5.19.2. Inamovibilidade 101
    5.19.3. Irredutibilidade de subsídios.. 102
5.20. Prerrogativas 102
    5.20.1. Prerrogativas institucionais 102
    5.20.2. Prerrogativas processuais... 103
5.21. Deveres do membro do Ministério Público.. 104
5.22. Impedimento e suspeição 104
5.23. Promotor ou Procurador *ad hoc*.. 105
5.24. Concurso de ingresso... 105
5.25. Residência na Comarca 105
5.26. Responsabilidade penal, civil, administrativa dos membros do Ministério Público 106
    5.26.1. Responsabilidade civil... 106
    5.26.2. Responsabilidade penal 106
    5.26.3. Responsabilidade administrativa... 106
5.27. Das funções exercidas pelo Ministério Público 108
    5.27.1. Funções típicas.. 108
    5.27.2. Funções atípicas 108
5.28. Funções institucionais do Ministério Público da União 109
5.29. Ministério Público do Trabalho 110
    5.29.1. Considerações gerais... 110
    5.29.2. Órgãos do Ministério Público do Trabalho 110
    5.29.3. Procurador-Geral do Trabalho 111

    5.29.4. Nomeação do Vice-Procurador do Trabalho 111
    5.29.5. Mandato do Procurador-Geral do Trabalho 111
    5.29.6. Exoneração 111
    5.29.7. Colégio de Procuradores 113
    5.29.8. Atribuições do Colégio de Procuradores 113
5.30. Conselho Superior do Ministério Público 114
5.31. Atribuições do Conselho de Procuradores do Trabalho 114
5.32. Câmara de Coordenação de Revisão 116
5.33. Corregedor 116
5.34. Atribuição do Corregedor Geral do Trabalho 117
5.35. Subprocurador-Geral do Trabalho 117
5.35. Procuradores Regionais do Trabalho 118
5.36. Procuradores do Trabalho 118
5.37. Conflito de atribuição 118
5.38. Formas de atuação dos Membros do Ministério Público do Trabalho 119
    5.38.1. Atuação Judicial do Ministério Público do Trabalho 119
    5.38.2. Atuação como Órgão agente 120
5.39. Órgão interveniente (*custos legis*) 121
5.40. Atuação extrajudicial 122
    5.40.1. A atuação do Ministério Público como árbitro 122
    5.40.2. Do Procedimento investigatório e inquérito civil público 123
5.41. Termo de Ajustamento de Conduta 123
    5.41.1. Da execução do Termo de Ajustamento de Conduta 123

Capítulo 6 — Dos Crimes Contra a Organização do Trabalho 125
6.1. Atentado contra a liberdade de trabalho 125
6.2. Atentado contra a liberdade de trabalho e boicotagem violenta 126
6.3. Atentado contra a liberdade de associação 127
6.4. Paralisação de trabalho, seguida de violência ou perturbação da ordem 127
6.5. Paralisação de trabalho de interesse coletivo 128
6.6. Invasão de estabelecimento industrial, comercial ou agrícola. Sabotagem 128
6.7. Frustração de direito assegurado por lei trabalhista 129
6.8. Frustração de lei sobre a nacionalização do trabalho 130
6.9. Exercício de atividade com infração de decisão administrativa 131
6.10. Aliciamento para o fim de emigração 131
6.11. Aliciamento de trabalhadores de um local para outro do território nacional 132

Capítulo 7 — Pejotização é Crime 134

Capítulo 8 — A Comunicação e o Profissional de Direito 138
8.1. O berço da comunicação humana 141

8.2. Lado esquerdo: o hemisfério da razão 141
8.3. Lado direito: o hemisfério da emoção 142

Conclusão 145

Referências Bibliográficas 147
    Sites 148

Apresentação

Essa obra é fruto de admiração.

Mas como assim professor? Explico.

Nunca imaginei escrever uma obra, com dois mestres no direito e na comunicação, Joseval Peixoto e JB Oliveira. Trata-se de dois ícones não apenas pelo aspecto profissional, mas depois de conhecê-los, a minha admiração e respeito apenas aumentaram.

Quando eu procurei o Joseval para escrever esse livro e expliquei ao mesmo qual a ideia que poderíamos fazer, ocorreu uma empatia imediata e as ideias começaram a surgir. Nessa mesma linha foi com o JB Oliveira.

Esses dois mestres, com a sua larga experiência, não apenas profissional, mas também de vida, sabem as necessidades dos profissionais de direito e com esse escopo fizemos esse livro.

Vamos explicar, num primeiro momento os aspectos básicos de direito do trabalho (afinal iremos trabalhar os crimes na área trabalhista), posteriormente a representação das partes, a organização da justiça do trabalho, ministério público, desta forma o leitor terá base necessária para entender o próximo ponto, que são os crimes contra a organização do trabalho e para complementar, essa obra, temos a comunicação jurídica de forma eficaz.

Sendo assim, temos um livro que busca oferecer a base para o entendimento do direito e uma análise sistemática da norma, respeitando a posição enciclopédica e a natureza jurídica dos conceitos, com o escopo de trazer uma nova visão do direito, com a praticidade do aprendizado.

Sabemos que situações como greves, invasões das empresas e tantas outras situações, podem ocorrer no dia a dia, desta forma o profissional do direito não pode ficar despreparado para pleitear, na Justiça, o fiel cumprimento da lei. Esse aspecto nos faz lembrar o bordão jurídico romano: *Dormientibus non Sucurrit Ius*, ou seja, o direito não socorre aos que dormem.

Desta feita, lembro-me da frase de Aristóteles, que afirmava: "*A base da sociedade é a justiça; o julgamento constitui a ordem da sociedade: ora o julgamento é a aplicação da justiça*". Com essas palavras sempre, como operadores do direito, busquemos a justiça, mesmo que em detrimento do direito, pois só assim alcançaremos o sucesso. Com esse pensamento, fecho com a seguinte indagação: "*Só se pode alcançar um grande êxito quando nos mantemos fiéis a nós mesmos.*" Friedrich Nietzsche.

Prof. Me. Gleibe Pretti

Prefácio

Foi com muito gosto que aceitei o honroso convite do Dr. Gleibe Pretti, ilustre advogado trabalhista e renomado professor, para prefaciar esta sua nova obra, que vem apresentar ao mundo jurídico uma visão renovada do Direito do Trabalho à luz do Direito Penal.

O professor Gleibe Pretti tem uma profícua atividade docente e literária, sendo autor de dezenas de obras de destaque no mercado editorial brasileiro, as quais constituem seguras fontes de consulta não apenas para os profissionais do Direito e para os acadêmicos, mas também para os nobres magistrados das Cortes Superiores e membros do Ministério Público.

Agora nos brinda o professor Gleibe Pretti com uma nova criação literária, cuidadosamente alinhavada e habilmente enriquecida com seus ensinamentos sobre Direito do Trabalho, permeado pela análise dos aspectos penais de tal disciplina jurídica, onde se encontram diversos delitos que têm sua gênese nas relações laborais.

A obra é completa, descomplicada e de fácil leitura e entendimento, alcançando todos aqueles que se dedicam ao estudo do Direito e sua aplicação prática, no dia a dia forense, sendo indicada também àqueles que se preparam para os concursos na área jurídica.

Cumprimento o professor Gleibe Pretti e os demais nobres coautores, portanto, por nos brindar com obra de diferenciado quilate, a qual certamente alcançará grande sucesso no âmbito acadêmico e profissional e cumprirá a nobre missão de educar e ensinar as novas gerações de operadores do Direito.

São Paulo, agosto de 2018.

Ricardo Antonio Andreucci
Procurador de Justiça do Ministério Público de São Paulo. Doutor e Mestre em Direito. Pós-doutor pela Universidade Federal de Messina – Itália. Coordenador da escola jurídica Andreucci Educacional. Professor universitário e de cursos preparatórios para ingresso nas Carreiras Jurídicas e OAB. Professor de cursos de Pós-graduação. Autor de diversas obras jurídicas. Articulista e palestrante

1

Conceito, Autonomia e Fontes do Direito do Trabalho

1.1. Conceito de Direito Processual do Trabalho

Antes de analisarmos os aspectos penais trabalhistas, pelo motivo de estarmos estudando relações de trabalho, insta salientar a importância do estudo, num primeiro plano de direito do trabalho e, na sequência do aprendizado, adentraremos aos aspectos penais.

Analisando os conceitos formulados pela doutrina podemos afirmar que o Direito Processual do Trabalho é o conjunto de princípios, normas e instituições que tem por finalidade regular a atividade dos órgãos jurisdicionais na solução de dissídios individuais ou coletivos, entre trabalhadores e empregadores.

1.2. Natureza jurídica

O Direito processual é ramo do direito público porque tem por finalidade regular a atividade desenvolvida pelo Estado ao pacificar os conflitos individuais e coletivos de trabalho.

1.3. Autonomia do Direito Processual do Trabalho

Discute-se a independência do direito processual do trabalho em referência ao direito processual civil.

Há duas posições doutrinárias para enfrentar a questão de ser ou não o Direito Processual do Trabalho um ramo autônomo do Direito Processual:

1. TEORIA MONISTA — minoritária — Para os adeptos desta teoria o direito processual é um só e o direito processual do trabalho seria apenas um capitulo do Direito Processual Civil.

2. TEORIA DUALISTA — teoria prevalecente — segundo esta teoria o Direito Processual do Trabalho é autônomo, totalmente desvinculado do direito processual comum, eis que possui autonomia legislativa, didática, jurisdicional e científica e, ainda, princípios próprios, peculiaridades próprias, que o distingue do direito processual comum.

1.4. Eficácia da lei processual do trabalho no espaço

Esse tópico corresponde ao território em que será abrangida a lei de uma forma obrigatória e de aplicação imediata nos processos já em andamento.

A lei processual trabalhista no Brasil se aplica em todo o território nacional para brasileiros e estrangeiros residentes no Brasil, exceto se estiverem a serviço de seu país de origem.

No que tange a execução de sentença estrangeira, necessita de homologação do superior tribunal de justiça, nos moldes do art. 105, I, "*i*", da CF/88, conhecida como juízo de deliberação.

Em suma, eficácia da lei no espaço é o local que será aplicada a norma cogente pelo Estado.

Jurisprudência:

EMENTA: Conflito de lei no espaço. CLT. LICC. Código de Bustamante. Ao empregado brasileiro, residente nos Estados Unidos da América, tendo sido contratado e prestado serviços no território alienígena, cuja empresa também tem sede neste território nacional, é conferida a faculdade de ajuizar sua demanda naquele ou neste País, pois a competência está fixada em norma especial, a consolidada, art. 651, § 2º, e também na geral, LICC, art. 9º, além de prevista no Código de Bustamante, sendo-lhe, contudo aplicada a "lex loci executionis", que deve ser provada pelas partes, inclusive no que se refere ao prazo prescricional do direito perseguido. **ACÓRDÃO N.:** 20050401305

1.5. Eficácia da lei processual no tempo

Esse tópico busca determinar qual será o tempo em que a lei entrará em vigor para a sociedade.

A LICC em seu art. 1º, § 1º, determina que a lei nova entrará em vigência após 45 dias depois de sua publicação. Importante frisar que os atos processuais realizados antes da nova lei são assegurados, com o objetivo de dar segurança jurídica e bem social a todos. Ressalte-se, no entanto, que aplica-se a lei nova a atos processuais não praticados sob o império da lei antiga (é a denominada teoria do isolamento dos atos processuais), considerando-se válidos os atos processuais já praticados conforme a lei antiga.

Caso a alteração legal inclua na competência da ação essa será distribuída para o foro competente dependendo do caso.

O que existe para uma das partes que demandam em Juízo é uma expectativa de direito em todos os atos processuais, pois a regra do jogo poderá mudar no curso da ação.

Cumpre salientar a IN do TST n. 39 que traz o que se aplicado CPC, no direito processual do trabalho e a IN n. 41 do TST, em que traz as regras de aplicação da lei do tempo, precisamente após a reforma trabalhista de 11.11.2017.

Para encerrar, eficácia da lei no tempo é a sua aplicação no tempo devida determinado em lei.

Jurisprudência:

PRESCRIÇÃO DO DIREITO DE AGIR CONSEQUENTE DE FATO OCORRIDO NA VIGÊNCIA DO C. CIVIL DE 1916. A prescrição não decorre da competência do juízo, mas da natureza da matéria discutida. O autor laborou na ré em dois contratos de trabalho, sendo o primeiro com admissão em 25.9.1980 e dispensa em 4.3.1991 e o segundo de 12.9.1994 a 9.121996, tendo acionado esta Justiça em 2.12.2005. O dano invocado tem base prescricional no C. Civil e a competência para solução do litígio, antes da Emenda Constitucional n. 45/2004 era da Justiça Comum, que aplicava à época dos fatos narrados na inicial, a prescrição do art. 177 do C. Civil de 1916, de vinte anos. Após a entrada do Código Civil de 2002, a prescrição para tais casos passou a ser de três anos (art. 206, § 3º, V, do C. Civil de 2002). Como o fato se deu quando em vigência a lei anterior, aplicar-se-ía a regra de transição do art. 2.028 que estabelece: "Serão os da lei anterior os prazos, quando reduzidos por este Código, e se, na data de sua entrada em vigor, já houver transcorrido mais da metade do tempo estabelecido na lei revogada." Trata-se de norma intertemporal que deve ser levada em conta para que não se cometa injustiça quanto a direitos já adrede estabelecidos. No presente caso não transcorreu mais da metade do tempo estabelecido na lei revogada. Prescrito o direito de ação com fundamento no art. 206, § 3º, incisos II e V do Código Civil vigente.
ACÓRDÃO N.: 20071105756

1.6. Princípios do direito processual do trabalho

Por se tratar de uma ciência distinta, o processo do trabalho, tem princípios próprios com o objetivo de conceder ao exegeta uma interpretação específica dos fatos e aplicação correta da norma.

Neste contexto, princípio é o início de algo, surgimento de uma nova situação. Ou seja, é a essência de determinado direito.

Na verdade, princípios são situações genéricas, mas sempre está ligada a verdade, essa ligação é muito importante para a argumentação de uma tese. Assim sendo, os princípios têm uma função que depende do ponto de vista. Informativa, normativa e interpretativa.

Por falta de compilação própria os princípios são tratados de forma individualizada em cada doutrina. Busquei em nossa obra, trazer o maior número de princípios com jurisprudência.

Assim sendo, os princípios têm o objetivo de dar parâmetros para a interpretação e aplicação da norma.

1.7. Princípios específicos

1.7.1. Dispositivo

Também é conhecido como princípio da inércia em que determina que a jurisdição só poderá ser prestada se for procurada pelas partes.

Assim sendo o Magistrado não poderá exercer a jurisdição de ofício, mas existe uma exceção que é a instauração do dissídio coletivo pelo presidente do tribunal (art. 856, da CLT). Ainda temos como exceção quando a DRT encaminha à Justiça do Trabalho requerimento contra a empresa que não registrou seus funcionários.

No que tange ao dissídio coletivo de greve é um exemplo claro que o Juiz poderá instaurar de ofício com o objetivo de atender as necessidades da sociedade ou de um grupo de pessoas.

Sem esse princípio não haveria processo, porque este se inicia com a ação e esta é iniciativa da parte, do interessado, uma vez que a Justiça é inerte.

O princípio dispositivo diz respeito à iniciativa dos interessados que dispõem de seus próprios atos, acionando ou não a Justiça e, quando a lei assim determina, movimentando ou não o processo.

Está ligado à autonomia da vontade.

Também, em virtude desse princípio, o juiz deverá decidir sobre aquilo que foi alegado pela parte.

Não que a vontade da parte predomine, mas essa vontade é fundamental para provocar a prestação jurisdicional.

Jurisprudência:

EMENTA: RECURSO – CONTRA-RAZÕES – LIMITES. AS CONTRA-RAZÕES NÃO PODEM EXCEDER OS LIMITES ESTABELECIDOS PELO RECURSO INTERPOSTO, A SABER, SEUS PRESSUPOSTOS DE ADMISSIBILIDADE E DE MÉRITO. EXCETUAM-SE APENAS AS NULIDADES ABSOLUTAS, TAMBÉM DECRETÁVEIS DE OFÍCIO. IMPORTA DIZER QUE É VEDADO AO JUÍZO *"AD QUEM"* CONHECER DE MATÉRIA ESTRANHA AO RECURSO, E ARGUIDA EM CONTRA-RAZÕES, SOB PENA DE VIOLAÇÃO AO PRINCÍPIO DO DISPOSITIVO DO ART. 128 DO CÓDIGO DE PROCESSO CIVIL – APLICÁVEL AO SISTEMA DOS RECURSOS TRABALHISTAS – E DO PRINCÍPIO DO *"NON REFORMATIO IN PEJUS"*.
ACÓRDÃO N.: 02960204004

1.7.2. Princípio da simplicidade dos atos processuais

O processo trabalhista ao contrário do processo comum é mais simples para que seja mais célere, despido de certas formalidades, com ênfase na oralidade, na concentração dos atos em uma ou poucas audiências.

1.7.3. Inquisitivo

É o impulso oficial no processo para a solução do conflito. O juiz terá ampla liberdade na condução do processo, conforme arts. 765, 852-D e 878, da CLT.

Nesse contexto a condução do processo se faz necessária tendo em vista o objetivo da solução do conflito para garantir a segurança jurídica e também a paz social.

Também chamado de inquisitório, nele prevalece a iniciativa do juiz na direção do processo e, em algumas situações, na condução da prova.

Embora o princípio dispositivo sempre exista em todos os processos, no processo do trabalho prevalece o princípio inquisitório.

Retornando ao art. 848 da Consolidação das Leis do Trabalho é um exemplo da concretização desse princípio: "Terminada a defesa, seguir-se-á a instrução do processo, podendo o presidente *ex officio* ou a requerimento de qualquer Juiz temporário interrogar os litigantes".

Assim como o novel art. 878 da CLT em que o Juiz poderá dar andamento a execução (de ofício) desde que o exequente não esteja acompanhado de advogado.

O dispositivo em análise não se coaduna com a realidade atual do processo do trabalho no que se refere ao "presidente" e ao "juiz temporário", uma vez que, com a saída dos classistas, o juiz que agora subsiste é o de Direito, não presidindo mais o órgão jurisdicional, porque não se trata mais de Junta e sim de Vara do Trabalho; é, pois, o juiz do trabalho, pura e simplesmente.

Como não há mais o juiz classista, não se pode falar em juiz temporário.

Afora essa análise, é fato que na Justiça do Trabalho as partes são interrogadas pelo juiz, não existindo depoimento requerido pela parte contrária, embora isso normalmente aconteça nas petições iniciais e nas defesas.

Jurisprudência:

EMENTA: CERCEAMENTO DE DEFESA. REQUERIMENTO PARA INTIMAÇÃO DE TESTEMUNHAS. PETIÇÃO APÓCRIFA. VÍCIO SANÁVEL. Diante da ausência de prejuízo à celeridade processual pode, o magistrado, determinar a intimação das testemunhas com base no requerimento inequívoco formulado oralmente em audiência, em que pese a ausência de assinatura na petição que informa suas qualificações. Isto porque o processo do trabalho é regido pelo princípio inquisitivo (arts. 765 e 878, da CLT), o qual confere ao juiz maior autonomia e discricionariedade, podendo agir até mesmo de ofício no desenvolvimento do processo, como por exemplo, na coleta da prova. O contrário culminaria em séria ofensa ao direito de prova do autor, encaminhando o julgamento para uma decisão potencialmente injusta, do ponto de vista material, o que não se coaduna com o escopo da jurisdição. Preliminar acolhida para que as testemunhas arroladas sejam intimadas e ouvidas, conforme requerido em audiência. **ACÓRDÃO N.:** 20071032899

1.7.4. Concentração

Esse princípio tem ligação extrema com o processo do trabalho, pois desta forma, o processo será julgado com maior celeridade com menos custos para as partes e para o Estado, conforme art. 849 da CLT (audiência contínua).

No processo do trabalho, os atos deverão ser concentrados em uma única audiência. É cediço afirmar que a audiência trabalhista tem uma duração máxima de 5 horas, salvo urgência e sendo assim, caso não seja concluída no prazo determinado deverá ocorrer na próxima sessão.

Assim sendo, a concentração dos atos processuais visa a solução mais rápida dos conflitos.

Esse princípio, de certo modo, já restou evidenciado.

Estabelece a concentração de todos os atos do processo em uma mesma audiência, isto é, a postulação do autor, a resposta do réu, as provas, as razões finais e, finalmente, a sentença.

Quando puder, o juiz deve buscar concentrar todos os atos numa mesma audiência, evidentemente, sem prejuízo da verdade e sem cercear a atuação das partes.

EMENTA: Prescrição. Arguição. A prescrição é matéria afeta ao mérito da causa (inciso IV, do art. 269, do CPC) devendo ser arguida no momento em que a ré oportunamente contesta os termos da petição inicial, segundo o disposto no art. 300 do CPC, sob pena de operar-se a preclusão consumativa, sendo-lhe defeso deduzir pretensão defensiva depois da contestação. Dentre os princípios aplicáveis ao processo do trabalho, a regência aqui é o do princípio da concentração processual, que há que ser visto como elemento garantidor da entrega da prestação jurisdicional com maior segurança jurídica, sem fugir da verdade fática estampada no processo. É curial notar que a apreciação da prescrição, invocada apenas em sede de recurso ordinário por esta Instância Revisora, caracteriza a supressão de instância, haja vista que sendo a prescrição matéria de mérito, o crivo de análise originário é o do primeiro grau. Ao revés do ponto de vista expendido pela recorrrente, é evidente a injuridicidade em se autorizar que este Regional julgue pedido em que a competência originária seja da Vara do Trabalho, pois do contrário estar-se-ía permitindo o malferimento de princípios constitucionais basilares dos direitos e garantias fundamentais do cidadão, consubstanciados pelos princípios do contraditório e ampla defesa (art. 5º, inciso LV, da Constituição Federal). Discorreu com propriedade Pontes de Miranda ao afirmar que "A regra jurídica do art. 162 não significa poder ser alegada a prescrição se o réu falou na causa e não exerceu o seu direito de exceção. Na contestação há de ser alegada, se já existe a excpetio, porque então seria de ser exercida. Se não o foi, não mais pode ser..." (*Tratado de Direito Privado*, VI, p. 249). **ACÓRDÃO N.:** 20071122898

1.7.5. Princípio da despersonalização do empregador

Por esse princípio, garante-se o trabalhador contra as alterações na estrutura jurídica ou na propriedade da empresa. No direito do trabalho, são os bens materiais e imateriais componentes do empreendimento que asseguram a satisfação do julgado.

A ação trabalhista é proposta contra empresa e não em face da pessoa física ou jurídica que a dirige ou explora. Esta, na realidade, apenas "representa" a empresa. Uma das consequências processuais do instituto denominado "sucessão de empresas" (a rigor, a sucessão é de empresários, e não de empresas) é a possibilidade de o julgado ser executado contra terceiros, estendendo-se os efeitos da coisa julgada a quem não foi parte no processo.

Com a reforma trabalhista, a CLT determina:

Do Incidente de Desconsideração da Personalidade Jurídica

Art. 855-A. Aplica-se ao processo do trabalho o incidente de desconsideração da personalidade jurídica previsto nos arts. 133 a 137 da Lei n. 13.105, de 16 de março de 2015 – Código de Processo Civil.

§ 1º Da decisão interlocutória que acolher ou rejeitar o incidente:

I – na fase de cognição, não cabe recurso de imediato, na forma do § 1º do art. 893 desta Consolidação;

II – na fase de execução, cabe agravo de petição, independentemente de garantia do juízo;

III – cabe agravo interno se proferida pelo relator em incidente instaurado originariamente no tribunal.

§ 2º A instauração do incidente suspenderá o processo, sem prejuízo de concessão da tutela de urgência de natureza cautelar de que trata o art. 301 da Lei n. 13.105, de 16 de março de 2015 (Código de Processo Civil).'

1.7.6. Princípio da extra-petição

O direito processual do trabalho contém alguns preceitos que autorizam o julgador a conceder mais do que o pleiteado ou coisa diversa daquela que foi pedida, por esta razão, a jurisprudência vem acolhendo algumas hipóteses em que se verifica a existência de ultra e extra petição.

Caso típico de aplicação do princípio da ultrapetição na lei trabalhista é a disposição do art. 467 da CLT, que estabelece que: havendo rescisão do contrato individual de trabalho, o empregador deve pagar ao empregado, na data em que comparecerem a juízo, todas as parcelas incontroversas, sob pena de ser condenado ao acréscimo de 50%, independentemente de pedido, trata-se de preceito de ordem pública, dirigido ao magistrado, determinando como deve proceder, havendo ou não pedido expresso de condenação acrescida da multa de 50% na peça vestibular.

Outro exemplo existente na jurisprudência sumulada do TST, é no sentido de que o julgador deve condenar o reclamado a pagar juros e correção monetária incidentes sobre o débito reconhecido na decisão, ainda que tais verbas não tenham sido pleiteadas na petição inicial.

Ainda, o art. 496, da Consolidação das Leis do Trabalho, faculta ao juiz converter a reintegração do empregado estável em pagamentos de indenização dobrada sempre que entender que é desaconselhável a reintegração. A rigor, o estável tem ação apenas para pedir sua volta ao emprego, o que implica uma obrigação de fazer; o julgador, contudo, fica autorizado a conceder indenização não pleiteada, transformando a obrigação de fazer em obrigação de pagar.

1.7.8. Oralidade

Este princípio determina que os atos processuais trabalhistas buscam, na verdade, acelerar o julgamento da lide. Temos vários exemplos disso como: leitura da reclamação (art. 847 da CLT), defesa oral em 20 minutos (847 da CLT), interrogatório das partes (art. 848, da CLT), oitiva de testemunhas (848, § 1º), razões finais em 10 minutos (850 da CLT) e protesto em audiência (795 da CLT).

Esse princípio é caracterizado sob quatro aspectos que, reunidos, dão substância a esse princípio: prevalência da palavra falada, imediatidade do juiz com as partes, identidade física do juiz com o processo e irrecorribilidade das decisões interlocutórias.

Tudo isso faz com que a concentração dos atos processuais ocorra de forma mais efetiva.

Na prática, desvirtuando-se a intenção do legislador e a orientação desse princípio, vemos a prevalência da palavra escrita. (Está claro que não há proibição de que se peticione e de que se escreva sempre nos autos, mas a escrita deveria ser deixada para casos estritamente necessários ou para quando a lei determinasse.)

EMENTA: Correição parcial. Audiência de instrução. Reprodução fiel. Gravação. A audiência constitui a exteriorização do princípio da oralidade, que informa o processo do trabalho. Presta-se para a produção da prova oral, e materialização dos requerimentos das partes. Assume importância extraordinária e quando nela a defesa é produzida por escrito ou oralmente. Não constitui, assim, palco para confronto ente advogados ou entre advogado e juiz. Certo que ao último cabe a direção do processo, como está escrito no art. 125 do Código de Processo Civil. Mas a ata deve reproduzir com fidelidade o que se postulou, o que se contrapôs à postulação, e o que se decidiu. Nem por outra razão tenho defendido que o gravador deve ser reconhecido como instrumento de trabalho tanto para os advogados como para o juiz. **ACÓRDÃO N.:** 2005009898

1.7.9. Identidade física do juiz

Esse princípio tem o objetivo de vincular o Juiz da instrução no julgamento da demanda, tendo em vista que interpreta-se que seria a melhor pessoa para tal feito. O art. 132 do CPC traz a possibilidade da identidade física do Juiz e que aplicada no processo do trabalho, tendo em vista que com a Emenda Constitucional n. 24/99 encerrou com os Juízes classistas.

Assim sendo, temos a não aplicação do referido artigo em sua plenitude, nesse sentido as Súmulas ns. 136 do TST e 222 do STF.

EMENTA:

JUIZ – IDENTIDADE FÍSICA – NÃO SE APLICA O PRINCÍPIO DA IDENTIDADE FÍSICA DO JUIZ QUANDO AQUELE QUE CONCLUIU A INSTRUÇÃO NÃO PUDER JULGAR A LIDE PORQUE FORA CONVOCADO, LICENCIADO, AFASTADO POR QUALQUER MOTIVO, PROMOVIDO OU APOSENTADO, CASOS EM QUE PASSARÁ OS AUTOS AO SEU SUCESSOR (ART. 132 DO CPC E ENUNCIADO N. 136 DO COLENDO TST). **ACÓRDÃO N.:** 02950305495

1.7.10. Imediação

Esse princípio também é conhecido como imediatividade, ou seja, é o contato direto do Juiz com as partes, testemunhas e peritos. O art. 820 da CLT trata do referido assunto.

Esse princípio é de suma importância para o direito processual do trabalho, pois em seu bojo traz a livre convicção do Juiz diante de um contato direito com a realidade dos fatos.

EMENTA: Rescisão indireta. Imediação. A imediação entre a propositura da ação e a falta praticada deve ser observada na rescisão indireta. Se a alteração do horário de trabalho ocorreu em 2002 ou em julho de 2004 e a ação somente foi proposta em 1.10.04, não houve imediação entre a falta e a postulação de rescisão indireta. Rescisão indevida. **ACÓRDÃO N.:** 20060568261

1.7.11. Irrecorribilidade

O princípio acima descrito tem uma vertente importante no processo do trabalho, afinal as decisões interlocutórias não são passíveis de recursos, exceto em casos excepcionais.

Um dos motivos da celeridade do processo do trabalho é exatamente a não possibilidade de agravar das decisões interlocutórias como é feito no processo civil. A Súmula n. 214 do TST traz as exceções do referido princípio. Mas também chamo a atenção da possibilidade de recorrer de uma decisão interlocutória proferida em sede do rito de alçada (sumário) conforme a Lei n. 5.584/70.

É a decisão que arbitra o valor da causa em audiência que será cabível o recurso conhecido como pedido de revisão em até 48 hs que após a intimação da outra parte deverá ser encaminhado ao E. TRT da região do processo para seu recebimento e julgamento. O referido recurso não tem custas e seu pedido se limita apenas à decisão sobre o valor da causa.

Insta salientar que para decisões interlocutórias abusivas tais como liminar, tutelas antecipadas, tutelas específicas, liminares em cautelares o meio cabível na primeira instância será o mandado de segurança, conforme Súmula n. 414 do TST. Porém se a decisão interlocutória for proferida nos Tribunais caberá agravo regimental, conforme art. 893 da CLT.

EMENTA: EMPRESA EM LIQUIDAÇÃO EXTRAJUDICIAL. AGRAVO DE PETIÇÃO. EXCEÇÃO DE PRÉ-EXECUTIVIDADE REJEITADA. DECISÃO INTERLOCUTÓRIA IRRECORRÍVEL. INTELIGÊNCIA DO ART. 893, § 1º, DA CLT. DESCABIMENTO DE AGRAVO DE PETIÇÃO. A AGRAVANTE NÃO SE INSURGIU CONTRA A REJEIÇÃO POR MEIO DO REMÉDIO JURÍDICO ADEQUADO. AGRAVO NÃO CONHECIDO. Tomando por base o princípio da irrecorribilidade das decisões interlocutórias (art. 893, § 1º, da CLT e Enunciado n. 214 do C. TST), tem-se que, no caso de o juiz rejeitar a exceção ou considerá-la incabível, por ser essa decisão interlocutória, não caberá o Agravo de Petição. Cabível o será na hipótese de o juiz acolher a exceção, pois, neste caso, a decisão possui natureza de sentença. Logo, por serem inimpugnáveis, de imediato, as decisões interlocutórias, não se conhece do Agravo de Petição interposto contra decisão que rejeita a exceção de pré-executividade, porque incabível. Não bastasse, a agravante não ataca os fundamentos da decisão recorrida, o que também impede o conhecimento do apelo. **ACÓRDÃO N.:** 20080040610

1.7.12. Contraditório e ampla defesa

Esses princípios estão descritos na Carta Maior de 88 precisamente em seu art. 5º, inciso LV.

Uma das bases de um Estado Democrático de Direito é exatamente a possibilidade de contrariar com fatos e provas o que alegam contra o demandado.

Os princípios em pauta além de ser uma clausula pétrea esta disposto em qualquer processo seja ele judicial ou extrajudicial.

EMENTA: PETIÇÃO INICIAL. CAUSA DE PEDIR. INALTERABILIDADE. INSALUBRIDADE. O AGENTE INSALUBRE DIVERSO DO APONTADO NA INICIAL, NÃO PREJUDICA O PEDIDO DE ADICIONAL (SÚMULA TST N. 293). ISTO OCORRE QUANDO O AGENTE INDICADO PELO AUTOR NÃO É ABSOLUTAMENTE DIVERSO DO APURADO EM PERÍCIA E O CAUSADOR DA INSALUBRIDADE NÃO POSSA SER DIFERENCIADO DE PRONTO POR QUALQUER CIDADÃO COMUM. A SENTENÇA QUE CONDENA COM BASE EM AGENTE TÃO ESTRANHO AO INDICADO, OFENDE O CONTRADITÓRIO E O DIREITO DE DEFESA. **ACÓRDÃO N.:** 02960241767

EMENTA: RECURSO ORDINÁRIO. NULIDADE PROCESSUAL. ENCERRAMENTO ABRUPTO DA INSTRUÇÃO PROCESSUAL. INDEFERIMENTO DA PRODUÇÃO DE PROVAS. Não se ignora que o juiz é o destinatário final da prova, uma vez que o princípio do livre convencimento motivado confere ao juiz liberdade na apreciação e valoração da prova, bastando que fundamente a sua decisão, conforme arts. 130 e 131 do CPC c/c art. 765 da CLT e inciso IX do art. 93 da CF. No entanto, o referido princípio não deve conflitar, mas ao contrário, deve harmonizar-se com o princípio da necessidade da prova, segundo o qual as partes devem fazer prova de suas alegações. Se o reclamante pleiteia indenização por acidente de trabalho, o Juízo de origem não pode encerrar a instrução processual, obstando o direito da parte de produzir prova essencial ao deslinde da controvérsia e que não se encontra nos autos, sob pena de configurar cerceamento ao direito de prova (art. 332 do CPC) e ofensa ao devido processo legal e ampla defesa (incisos LIV e LV do art. 5º da CF). **ACÓRDÃO N.:** 20080090103

1.7.13. Imparcialidade

A parcialidade de qualquer Julgador não faria a verdadeira Justiça. O princípio citado traz como característica principal a análise do Magistrado tão somente dos fatos e provas que estão nos autos, não sendo possível fazer um Juízo de valor das partes pela aparência ou por conhecimento das partes.

Cumpre salientar que as referidas exceções de suspeição ou de impedimento apenas se aplicam aos Juízes e Partes e não sendo possível essa arguição entre Juízes e Advogados, nesta linha de raciocínio esta o art. 801 da CLT.

EMENTA: CUSTAS – RECOLHIMENTO IRREGULAR – RECURSO NÃO CONHECIDO. Diz o item III da Instrução n. 20 de 27 de setembro de 2002 do E. TST que: "É ônus da parte zelar pela exatidão do recolhimento das custas e/ou dos emolumentos, bem como requerer a juntada aos autos dos respectivos comprovantes". Como se vê, a norma usa a expressão "EXATIDÃO". Isto indica que os Tribunais e Juízes devem ser rigorosos quanto ao recolhimento e preenchimento de guias, não se tolerando as falhas, este é o sentido, também do art. 790 da CLT. A razão deste rigor está, justamente, no princípio da imparcialidade do juízo, pois sendo aceita a falha e o erro de uma parte, contraria-se a regra processual, fica prejudicada a outra parte e viola-se a garantia do devido processo legal. Portanto, não sendo recolhidas as custas segundo as normas, temos que os recursos estão desertos e não podem ser conhecidos. **ACÓRDÃO N.:** 20070228625

1.7.14. Livre convicção

Esse princípio diz respeito ao juiz. O julgador está livre para dar a sua decisão, apenas devendo obediência à sua própria consciência. Não poderá, entretanto, decidir de forma desvinculada do processo.

A fundamentação da sentença ou de qualquer decisão interlocutória deve ter base nos autos e na lei (se tais parâmetros forem desrespeitados, haverá a nulidade do julgado ou a sua reforma).

EMENTA: EXECUÇÃO PREVIDENCIÁRIA – LIMITAÇÃO À CONDENAÇÃO OU VALOR DO ACORDO – INCOMPETÊNCIA MATERIAL DA JUSTIÇA DO TRABALHO PARA EXECUÇÃO DAS CONTRIBUIÇÕES ATINENTES AO CONTRATO DE TRABALHO APENAS DECLARADO EM SENTENÇA. Na forma da recente jurisprudência cristalizada na Súmula n. 368, I, do C. TST, a competência material da Justiça do Trabalho para execução das contribuições previdenciárias alcança apenas aquelas incidentes sobre os títulos contemplados na condenação ou sobre os valores do acordo homologado. Em relação ao período do contrato de trabalho apenas declarado em sentença, mas que não originou condenação em pecúnia, a execução deve ser realizada através do procedimento fiscal cabível, e não no bojo da reclamatória trabalhista, sob pena de ofensa ao princípio do juiz natural, constante do art. 5º, LIII, da Constituição Federal. **ACÓRDÃO N.:** 20060740048

1.7.15. Motivação das decisões

O art. 93, IX, da CF determina que as decisões deverão ser fundamentadas sob pena de nulidade.

Corrobora com esse entendimento os arts. 770 e 832 da CLT tendo em vista que o apontamento da base legal ou ainda dos motivos que ensejaram a decisão sejam claros para eventuais recursos das partes.

EMENTA: Motivação das decisões judiciais. A fundamentação dos atos jurisdicionais é princípio geral de direito universalmente reconhecido, inclusive com expressa previsão constitucional, importando a sua violação em nulidade absoluta. Motivada a decisão com congruência, exatidão, suficiência e clareza não há que se falar em nulidade por falta de fundamentação pelo simples fato de contrariar a pretensão do requerente. **ACÓRDÃO N.:** 02970558410

1.7.16. Conciliação

O referido princípio trata do fundamento para qualquer ação trabalhista, o acordo. Indubitavelmente é a melhor forma de solução dos conflitos, haja vista, que ambas as partes renunciam a alguns direitos até chegar a uma composição.

Nesse sentido temos o art. 764 da CLT assim como os arts. 846 e 850 da CLT que determinam o momento que o Juiz detém para tentar o acordo.

Cumpre salientar que do acordo firmado em audiência caberá pelas partes apenas ação rescisória (Súmula n. 259 do TST) e pelo INSS caberá recurso ordinário para discutir o não pagamento dos impostos a esse D. órgão.

EMENTA: TRANSAÇÃO: MESMO LOGRANDO A CHANCELA JUDICIAL, A TRANSAÇÃO, EXPRIMINDO EM ESSÊNCIA ACORDO DE VONTADES, HÁ DE SER INTERPRETADA À LUZ DA REAL INTENÇÃO DAS PARTES E DO PRINCÍPIO DA BOA-FÉ A NORTEAR A INICIATIVA DOS CONVENENTES. **ACÓRDÃO N.:** 02950414626

1.7.17. Jus postulandi

Foi elevado à categoria de princípio no Direito Processual do Trabalho, mas nem todos os autores assim pensam.

Na verdade, não há necessidade do técnico (advogado) para a Justiça ser acionada.

O art. 791 da Consolidação das Leis do Trabalho é claro: "Os empregados e empregadores poderão reclamar pessoalmente perante a Justiça do Trabalho e acompanhar as suas reclamações até o final".

Cumpre salientar trazer a redação da Súmula n. 425 do TST, em que determina:

SÚMULA N. 425 – *JUS POSTULANDI* NA JUSTIÇA DO TRABALHO. ALCANCE.

O *jus postulandi* das partes, estabelecido no art. 791 da CLT, limita-se às Varas do Trabalho e aos Tribunais Regionais do Trabalho, não alcançando a ação rescisória, a ação cautelar, o mandado de segurança e os recursos de competência do Tribunal Superior do Trabalho.

Com a reforma trabalhista, após a Lei n. 13.467 de 2017, verifica-se a necessidade de advogados, também, nas homologações de acordo extrajudicial, conforme abaixo:

DO PROCESSO DE JURISDIÇÃO VOLUNTÁRIA PARA HOMOLOGAÇÃO DE ACORDO EXTRAJUDICIAL

Art. 855-B. O processo de homologação de acordo extrajudicial terá início por petição conjunta, sendo obrigatória a representação das partes por advogado.

§ 1º As partes não poderão ser representadas por advogado comum.

§ 2o Faculta-se ao trabalhador ser assistido pelo advogado do sindicato de sua categoria.

Art. 855-C. O disposto neste Capítulo não prejudica o prazo estabelecido no § 6º do art. 477 desta Consolidação e não afasta a aplicação da multa prevista no § 8º art. 477 desta Consolidação.

Art. 855-D. No prazo de quinze dias a contar da distribuição da petição, o juiz analisará o acordo, designará audiência se entender necessário e proferirá sentença.

Art. 855-E. A petição de homologação de acordo extrajudicial suspende o prazo prescricional da ação quanto aos direitos nela especificados.

Parágrafo único. O prazo prescricional voltará a fluir no dia útil seguinte ao do trânsito em julgado da decisão que negar a homologação do acordo.

Entendo como acompanhar a reclamação até o final o E. TST. Porém o referido direito se aplica apenas a empregados e não a trabalhadores.

EMENTA: RECURSO ORDINÁRIO. HONORÁRIOS ADVOCATÍCIOS. INDENIZAÇÃO POR PERDAS E DANOS. Na Justiça do Trabalho a Lei n. 5.584/70 é que estabelece o cabimento de honorários advocatícios, uma vez não preenchidos os requisitos ali estabelecidos, que é o caso dos autos, indevida a verba honorária. Ressalta-se que o art. 133 da Constituição Federal de 1988 não teve o condão de afastar o *jus postulandi* na Justiça do Trabalho. Súmula n. 219 do C.TST. Se a parte não faz jus à verba honorária por não estar assistida pela entidade sindical,por óbvio não pode obter a condenação do *ex adverso* ao pagamento dessa verba sob o disfarce de indenização por perdas e danos com base no art. 404 do Código Civil. **ACÓRDÃO N.:** 20080090138

1.17.18. Devido processo legal

Esse princípio traz a segurança para as partes de conhecer as regras do processo antes de ajuizar a ação. Saliento que caso ocorra alguma alteração na lei processual essa se aplica aos processos pendentes. O art. 5º, LIV, da CF, traz a referida garantia ao litigantes.

EMENTA: DESCONSIDERAÇÃO DA PERSONALIDADE JURÍDICA DA EMPRESA – POSSIBILIDADE – Aplicável no Direito do Trabalho a Teoria da Desconsideração da Pessoa Jurídica na fase da execução. Se verificada a inexistência de bens suficientes dos atuais sócios para saldar as dívidas da sociedade, pode o Juiz determinar que a execução avance no patrimônio dos ex-sócios, que responderão solidária e ilimitadamente pelos créditos exequentes, consoante art. 592, II, do CPC, não havendo de se falar em ofensa ao devido processo legal, haja vista que o suposto prejudicado pela desconsideração da personalidade jurídica tem oportunidade para a produção de provas por ocasião dos embargos de terceiro e recurso para a defesa (agravo de petição) da suposta ilegalidade, consoante art. 1046 do CPC. **ACÓRDÃO N.:** 20080064650

EMENTA: GORJETA/TAXA DE SERVIÇO. A prova das alegações, positivas ou negativas, de fatos constitutivos, modificativos, impeditivos ou extintivos incumbe a qualquer das partes que as formule. Incidência do art. 818, da CLT. ADICIONAL NOTURNO/ADIANTAMENTO SALARIAL. Atendidos os critérios pertinentes à distribuição do ônus da prova entre os litigantes, e observado o princípio da persuasão racional do art. 131 do CPC, não cabe falar em violação ao princípio do devido processo legal e de suposto ferimento ao art. 5º, inciso LIV, da Constituição. HONORÁRIOS ADVOCATÍCIOS. É indevido o deferimento de honorários advocatícios se não há sucumbência. **ACÓRDÃO N.:** 20080036362

1.7.19. Duplo grau de jurisdição

A meu ver, esse princípio não é uma garantia Constitucional, tendo em vista que existem processos que podem ser julgados em última instância ou em instância única, é o caso de crimes praticados pelo Presidente da república que são julgados pelo E. STF. (art. 102, I, "b", da CF).

Necessário fazer o apontamento da Súmula n. 303 do E. TST, onde determina que não há a necessidade de reexame necessário em ações contrárias a administração pública quando o valor for inferior a 60 (sessenta) salários mínimos.

> **EMENTA:** SUPRESSÃO DE INSTÂNCIA. PRECLUSÃO – A tese recursal relativa à compensação das horas extras pagas não foi analisada pelo MM. Juízo de origem, sendo certo que a parte não opôs os componentes embargos de declaração, a fim de sanar a omissão, restando preclusa a discussão da matéria, sob pena de violação ao princípio do duplo grau de jurisdição, com a supressão de uma instância de julgamento. **ACÓRDÃO N.:** 20080062614

> **EMENTA:** DIFERENÇAS DE REEMBOLSO DE QUILOMETRAGEM RODADA EM PERÍODO NOTURNO. ADICIONAL NOTURNO. HORAS EXTRAS. VERBAS REFLEXAS. A juntada dos registros de horário por parte da empresa, quando empregue mais de 10 trabalhadores, não depende de determinação judicial, por isso que a manutenção de tais controles resulta de imposição legal. Esse dever lhe acarreta o ônus da prova, quando alegue horário diverso do afirmado pela parte contrária. MULTA DO ART. 55 DA CLT NÃO APRECIADA EM SENTENÇA. Omissão da sentença sem a interposição de embargos declaratórios para saneamento, impede a análise da pretensão em sede recursal sob pena de ferimento ao princípio do duplo grau de jurisdição. **ACÓRDÃO N.:** 20080036478

1.17.20. Boa-fé

Esse princípio deveria embasar todas as relações humanas inclusive o processo judicial.

Nota-se que após a reforma trabalhista a CLT trouxe o dano processual, nos seguintes termos:

> Art. 793-C. De ofício ou a requerimento, o juízo condenará o litigante de má-fé a pagar multa, que deverá ser superior a 1% (um por cento) e inferior a 10% (dez por cento) do valor corrigido da causa, a indenizar a parte contrária pelos prejuízos que esta sofreu e a arcar com os honorários advocatícios e com todas as despesas que efetuou.

> § 1º Quando forem dois ou mais os litigantes de má-fé, o juízo condenará cada um na proporção de seu respectivo interesse na causa ou solidariamente aqueles que se coligaram para lesar a parte contrária.

> § 2º Quando o valor da causa for irrisório ou inestimável, a multa poderá ser fixada em até duas vezes o limite máximo dos benefícios do Regime Geral de Previdência Social.

> § 3º O valor da indenização será fixado pelo juízo ou, caso não seja possível mensurá-lo, liquidado por arbitramento ou pelo procedimento comum, nos próprios autos.

> Art. 793-D. Aplica-se a multa prevista no art. 793-C desta Consolidação à testemunha que intencionalmente alterar a verdade dos fatos ou omitir fatos essenciais ao julgamento da causa.

> Parágrafo único. A execução da multa prevista neste artigo dar-se-á nos mesmos autos.

> **EMENTA:** Interpretação extensiva. A interpretação extensiva dos termos da sentença homologatória de conciliação, com o intuito de aplicar multa por atraso na quitação, ante o inadimplemento em

razão de hipóteses não contempladas no acordo, não se coaduna com a boa-fé objetiva; mormente quando se considera que as próprias partes tiveram oportunidade de estipular normas em sentido diverso, especificando pormenorizadamente as formas de pagamento. Assim, essa possível significação dos termos do acordo entabulado, mesmo que não desejada intimamente pelo reclamante, revela-se como a única interpretação em que a segurança jurídica se concretiza, eis que não induz efeitos jurídicos a partir de comportamento não expressamente previsto pelos participantes da transação. **ACÓRDÃO N.:** 20080089601

EMENTA: Responsabilidade subsidiária da Administração Pública. Inaplicabilidade do art.71, § 1º, da Lei n. 8.666/93. Os princípios da dignidade da pessoa humana, valor social do trabalho e da moralidade, consagrados nos incisos III e IV do art. 1º e no art.37, *caput*, ambos da CF, juntamente com a Súmula n. 331, IV, do C. TST, cuja redação foi dada após a publicação da Lei n. 8.666/93, afastam a interpretação de que o art. 71, § 1º, do diploma referido impede o reconhecimento da responsabilidade subsidiária da administração pública, mormente quando se considera que esta se submete, inclusive, ao dever de se conduzir pautada pela boa-fé objetiva e probidade, ante o fato de ter sido beneficiária dos serviços prestados pelo obreiro. **ACÓRDÃO N.:** 20080048794

1.17.21. Eventualidade

Nesse princípio as partes devem aduzir de uma única vez a matéria da defesa que deverá ser feita nas respostas (art. 847 da CLT).

Isso se faz necessário pela possibilidade de as partes não apresentarem nenhum elemento surpresa nos autos durante o curso desse, salvo se for um documento novo (superveniente).

EMENTA: RECURSO ORDINÁRIO. RESPONSABILIDADE SUBSIDIÁRIA. EFEITOS DA REVELIA E DA CONFISSÃO À CO-RECLAMADA. ART. 320, I, DO CPC. PRINCÍPIO DA EVENTUALIDADE. Embora não sejam extensíveis tais efeitos à reclamada que comparece regularmente e contesta o feito, subsiste o julgado em face da sucumbência da contestante relativamente ao ônus da impugnação especificada dos fatos (art. 302, parágrafo único, do CPC., de aplicação subsidiária). **ACÓRDÃO N.:** 20080051981

1.17.22. Preclusão

Esse princípio garante que se uma das partes não respeitar um referido prazo perderá o direito de dizer sobre aquele assunto novamente. Na verdade é a perda de um ato processual.

Cumpre salientar que as nulidades deverão ser arguidas no primeiro momento que as partes falarem nos autos (art. 795 da CLT).

EMENTA: RECURSO ORDINÁRIO. REMÉDIO JURÍDICO INADEQUADO. FUNGIBILIDADE INAPLICÁVEL. Dentre os pressuposto objetivos do recurso há a adequação que deve ser observado pela parte recorrente sob pena de preclusão. No caso dos autos foi dado ao recorrente ciência da sentença que homologou o acordo firmado na fase de execução. Logo, considerando-se o disposto na alínea *"a"* do art. 897 da CLT, cabível seria o agravo de petição. O recorrente interpôs recurso ordinário, o qual é recurso específico da fase de conhecimento, permitindo que se operasse o trânsito em julgado da decisão. Tratando-se de erro grosseiro, inaplicável à espécie o princípio da fungibilidade. **ACÓRDÃO N.:** 20080090278

EMENTA: INSTRUÇÃO. ENCERRAMENTO. AUSÊNCIA DE PROTESTO. PRECLUSÃO. NULIDADE REJEITADA. Não se acolhe alegação de nulidade por cerceamento de defesa, se a parte não se insurgiu oportunamente, deixando de formular imediatos protestos contra a cominação de pena de considerar o não cumprimento da determinação judicial como desistência do pedido de reintegração ao emprego, razão pela qual, in casu, a questão foi atingida por incontornável preclusão. É que as nulidades relativas devem ser arguídas na primeira oportunidade em que couber à parte falar nos autos, nos termos dos arts. 795 da CLT e 245 do CPC ("A nulidade dos atos deve ser alegada na primeira oportunidade em que couber falar nos autos, sob pena de preclusão"). **ACÓRDÃO N.:** 20080089768

1.17.23. Perempção

Esse instituto se aplica ao processo do trabalho quando por três vezes a parte deixar a reclamação trabalhista arquivar pelo mesmo motivo.

Na CLT apenas temos a perempção provisória descrita nos arts. 731 e 732 da referida consolidação.

> **EMENTA:** PROCESSO – PERDA DO DIREITO DE RECLAMAÇÃO POR 6 MESES – ART. 732 DA CLT – CONSTITUCIONALIDADE – INCONDICIONAL É O DIREITO DE DEMOVER O JUDICIÁRIO DE SUA INÉRCIA – JÁ O DIREITO A UMA SENTENÇA DE MÉRITO DEPENDE DA PRESENÇA DAS CONDIÇÕES DA AÇÃO E DOS PRESSUPOSTOS PROCESSUAIS, ENTRE OS QUAIS O NEGATIVO DA PEREMPÇÃO TRABALHISTA. **ACÓRDÃO N.:** 20060211169

> **EMENTA:** ARQUIVAMENTO. Perempção. Em se tratando de penalidade, ainda que temporária, a interpretação há de ser restritiva, de forma a abranger exclusivamente aqueles arquivamentos motivados pelo não comparecimento do autor, hipótese não comprovada nos autos. Preliminar que se rejeita. **ACÓRDÃO N.:** *20060057984*

1.7.24. Impugnação especificada

Esse princípio traz que a defesa deverá ser feita ponto a ponto não sendo possível à negativa geral, salvo se for o Ministério Público do Trabalho.

> **EMENTA:** RECURSO ORDINÁRIO. RESPONSABILIDADE SUBSIDIÁRIA. EFEITOS DA REVELIA E DA CONFISSÃO À CO-RECLAMADA. ART. 320, I, DO CPC. PRINCÍPIO DA EVENTUALIDADE. Embora não sejam extensíveis tais efeitos à reclamada que comparece regularmente e contesta o feito, subsiste o julgado em face da sucumbência da contestante relativamente ao ônus da impugnação especificada dos fatos (art. 302, parágrafo único, do CPC., de aplicação subsidiária). **ACÓRDÃO N.:** 20080051981

> **EMENTA:** RITO SUMARÍSSIMO. RECURSO ORDINÁRIO. AUSÊNCIA DE CONTESTAÇÃO ESPECÍFICA. ART. 302/CPC. ART. 769/CLT. À falta de impugnação especificada, presume-se a veracidade dos fatos narrados na inicial. **ACÓRDÃO N.:** 20070285530

1.17.25. Proteção

Esse princípio é o mais importante, a meu ver, do direito processual do trabalho, temos vários exemplos tais como gratuidade da justiça (art. 790, § 3º), inversão do ônus da prova (Súmula n. 212, do TST), execução de ofício (art. 878), depósito recursal (art. 899, § 1º), local do ajuizamento (art. 651), despersonalização da PJ (art. 50, NCCB), Reclamação trabalhista verbal (art. 837) e *jus postulandi* (art. 791).

> **EMENTA:** Intervalo intrajornada. Não concessão ou concessão parcial. A não concessão total ou parcial do intervalo intrajornada mínimo implica o pagamento de hora extra, nos moldes

da OJ n. 307 da SDI-1 do TST. O fato do referido entendimento almejar a efetivação de medidas de higiene, saúde e segurança do trabalho (art. 7º, XXII, da CF) não altera a natureza salarial da parcela devida ao obreiro, mas apenas busca concretizar o princípio da proteção, ínsito ao direito do trabalho. **ACÓRDÃO N.:** 20080089423

Partes e Procuradores

2.1. Partes e procuradores

2.1.1. Conceito

São pessoas físicas ou jurídicas que diante de um conflito de interesses, são envolvidas numa relação contenciosa, em que cada uma das partes buscam através da função jurisdicional pelo Estado, a solução de seus interesses.

Na lição de Moacyr Amaral Santos, citado por Carlos Henrique Bezerra Leite:

> "Partes, no sentido processual, são as pessoas que pedem ou em relação às quais se pede a tutela jurisdicional. Podem ser, e geralmente o são, sujeitos da relação jurídica substancial deduzida, mas esta circunstância não as caracteriza, porquanto nem sempre são sujeitos dessa relação. São, de um lado, as pessoas que pedem a tutela jurisdicional, isto é, formulam uma pretensão e pedem ao órgão jurisdicional a atuação da lei à espécie. Temos aí a figura do autor. É este que pede, por si ou por seu representante legal, a tutela jurisdicional. Pede-a ele próprio, se capaz para agir em juízo; ...De outro lado, são partes as pessoas contra as quais, ou em relação às quais, se pede a tutela jurisdicional: sentença condenatória, providência executiva, ou providências cautelares..."

Para Carlos Henrique Bezerra Leite, *Curso de Direito Processual do Trabalho*, p. 394, o Ministério Público, quer atuando como órgão agente, ou seja, como parte no processo, quer funcionando como órgão interveniente (*custus legis*), ele será sempre sujeito imparcial do processo, por tratar-se de um órgão institucional estatal que atua desinteressadamente em defesa do interesse público nos termos do art. 127 da CF.

Amauri Mascaro Nascimento, em *Curso de Direito Processual do Trabalho*, p. 365, estabelece que o processo trabalhista, além do órgão jurisdicional perante o qual tramita, precisa, para constituir-se, da existência de partes. No processo contencioso sempre figura uma pessoa, física ou jurídica, e excepcionalmente mesmo um ente não dotado de personalidade jurídica, como a massa falida etc., em face de quem outro pretende algo. Surgem duas posições, nas quais se situam um demandante e um demandado, aos quais é atribuída a denominação de *partes do processo*.

Renato Saraiva, *Curso de Direito Processual do Trabalho*, p. 214, destaca que o conceito clássico de partes revela-se insuficiente, uma vez que o processo não envolve tão somente o autor, réu e juiz, englobando, por vezes, outras pessoas (terceiros) que podem ingressar no processo em momento posterior à sua formação, seja para apoiar uma das partes principais ou para defender interesses próprios.

Ademais, como observado pelo mesmo doutrinador, Renato Saraiva, existem sujeitos do conflito e sujeitos do processo, que nem sempre coincidem entre si, numa relação processual. Citando o exemplo do doutrinador, em outras palavras, imaginemos que em determinada empresa um empregado sofre assédio moral ou sexual de seu supervisor hierárquico. Todavia, em eventual reclamação trabalhista pleiteando a reparação pelos danos morais sofridos, o empregado ingressa diretamente contra seu empregador, em função de sua responsabilidade objetiva. Tem-se, portanto, como sujeitos do processo o empregado e o empregador (empresa) e como sujeitos do conflito o empregado e seu superior hierárquico.

Porém, Alexandre Freitas Câmara, *Lições de direito processual civil*, p. 150-151, citado por Renato Saraiva, traz um explicação para a insuficiência encontrada no conceito de partes:

> "É tradicional o conceito de partes como sendo 'aquele que pleiteia e aquele em face de quem se pleiteia a tutela jurisdicional'. Por esta definição seriam partes, tão somente, o autor (ou demandante), isto é, aquele que, ajuizando uma demanda, provoca o exercício, pelo Estado, da função jurisdicional, pleiteando a tutela jurisdicional e, de outro lado, o réu (ou demandado), aquele em face de quem a tutela jurisdicional é pleiteada.
>
> Tal conceito, embora correto, não é adequado a explicar todos os fenômenos de relevância teórica a respeito das partes. Tal insuficiência, porém, facilmente se explica. É que o conceito aqui apresentado corresponde ao de 'partes da demanda'. Este conceito não se confunde com outro, mais amplo, que é o de partes do processo. Assim é que devem ser consideradas 1partes do processo' todas aquelas pessoas que participam do procedimento em contraditório. Em outras palavras, ao lado do autor e do réu, que são partes da demanda e também do processo, outras pessoas podem ingressar na relação processual, alterando o esquema mínimo daquela relação a que já se fez referência, e que corresponde à configuração tríplice do processo. Assim, por exemplo, na assistência (...), ou na intervenção do Ministério Público como custos legis (...), ingressam no processo sujeitos diversos daqueles que denominamos 'partes da demanda'. Esses novos sujeitos, embora não apareçam na demanda, são 'partes do processo.'"

2.1.2. Denominação

Em razão da origem histórica de órgão administrativo vinculado ao Poder Executivo, na nomenclatura trabalhista, as partes envolvidas na demanda são denominadas de reclamante (autor), aquele que ingressa com a ação e, reclamado (réu) aquele contra quem a ação é interposta.

Antes de 1941 não se falava em ação, mas em reclamação administrativa, pois, a Justiça do Trabalho apesar de já dirimir conflitos oriundos das relações entre empregadores e empregados, continuava sendo considerada um órgão administrativo, não fazendo parte do Poder Judiciário, donde teríamos a denominação, reclamante e reclamado. Contudo, apesar da CLT empregar em seu art. 651 a expressão, reclamante e reclamado, para Sérgio Pinto Martins, em *Direito Processual do Trabalho*, p. 190, os termos mais corretos seriam *ação, autor e réu*, de acordo com a teoria geral do processo. Da mesma forma entendem diversos doutrinadores, tais como Wagner D. Giglio, em *Direito Processual do Trabalho*, p. 103, Amauri Mascaro Nascimento, em *Curso de Direito Processual do Trabalho*, p. 368 entre outros.

Todavia, é importante ressaltar que no processo do trabalho, para casos específicos, existem denominações próprias a seguir demonstradas:

TIPO	RECLAMANTE (AUTOR)	RECLAMADO (RÉU)
Dissídio Coletivo	Suscitante	Suscitado
Mandado de Segurança e *Habeas Corpus*	Impetrante	Impetrado
Inquérito para apuração de falta grave	Requerente	Requerido
Recursos	Recorrente	Recorrido
Execução	Exequente (credor)	Executado (devedor)
Liquidação de Sentença	Liquidante	Liquidado
Exceção	Excipiente	Exceto (ou excepto)
Reconvenção	Reconvinte	Reconvindo
Agravo de petição ou de Instrumento	Agravante	Agravado

2.1.3. Capacidade

É a aptidão que a pessoa tem de exercer sozinha, seus direitos e assumir obrigações perante as relações jurídicas.

De acordo com Washington de Barros Monteiro, capacidade é a aptidão para ser sujeito de direitos e obrigações e exercer por si ou por outrem os atos da vida civil. A capacidade é um elemento da personalidade pela qual se exprime poderes e faculdades.

Para Sérgio Pinto Martins, a capacidade em direito é a aptidão denominada pela ordem jurídica para o gozo e exercício de um direito por seu titular. Todo sujeito de direito pode gozar e fruir as vantagens decorrentes dessa condição, mas nem sempre está habilitado a exercer esse direito em toda a sua extensão.

Entretanto, há de se distinguir os institutos da capacidade de ser parte e a capacidade de se postular num processo.

2.1.4. Capacidade de ser parte

Capacidade de ser parte ou capacidade de direito ou de gozo, é aquela própria de todo ser humano, inerente à sua personalidade e que só se perde com a morte, ou seja, é a capacidade para adquirir direitos e contrair obrigações de acordo com o dispositivo do art. 1º do Código Civil: "Toda pessoa é capaz de direitos e deveres na ordem civil".

Assim, é a possibilidade de a pessoa física ou jurídica ocupar um dos polos do processo, como autor ou réu. Porém, no que tange à pessoa natural ou física, exige-se a "personalidade civil" nos termos do art. 2º do Código Civil, que inicia-se com o nascimento da pessoa com vida, muito embora a lei ponha a salvo, desde a concepção, os direitos do nascituro.

A "personalidade civil" da pessoa jurídica inicia-se com a inscrição dos atos constitutivos no respectivo registro conforme art. 45 do Código Civil.

Conforme dito anteriormente, os entes desprovidos de personalidade jurídica, tal qual a massa falida, o condomínio, o espólio, as sociedades etc., também lhes são conferidos a capacidade para ser parte.

A respeito do tema, destacamos o entendimento de Carlos Henrique Bezerra Leite, *Curso de direito processual do trabalho*, p. 399-400, que dispõe:

> "Sabemos que toda pessoa humana, também chamada de pessoa natural ou pessoa física, é capaz de adquirir direitos e contrair obrigações. Trata-se de personalidade civil, que se inicia com o nascimento com vida, muito embora a lei já garanta ao nascituro, desde a concepção, os direitos fundamentais. Assim, todo ser humano tem capacidade de ser parte, independentemente de sua idade ou condição psíquica ou mental, seja para propor ação, seja para defender-se. É, pois, um direito universal conferido a toda pessoa humana.
>
> Além das pessoas naturais, os ordenamentos jurídicos reconhecem às pessoas jurídicas a capacidade de ser parte, uma vez que também podem ser titulares de direitos e obrigações. As pessoas jurídicas que não se confundem com as pessoas naturais, são abstrações criadas pelo gênio humano com vistas à facilitação da circulação de riqueza e dos negócios, principalmente o comércio. Por serem entes abstratos, a lei dispõe que necessitam ser representadas judicial e extrajudicialmente por determinada pessoa natural, como veremos mais adiante quando tratarmos do instituto da representação.
>
> Existem, ainda, outros entes abstratos aos quais a lei não confere a condição de pessoa jurídica, mas que têm capacidade de ser parte, tal como ocorre com a massa falida, o espólio etc."

2.1.4. Capacidade processual

Quanto à capacidade de fato, processual ou de exercício, é aquela outorgada pelo Código de Processo Civil, isto é, capacidade de exercitar por si os atos da vida civil e de administrar os seus bens, ou seja, de estar em juízo.

Não basta ter capacidade de direito, impõe-se verificar se a pessoa também tem capacidade de fato para praticar os atos processuais pessoalmente sem ajuda de qualquer espécie, ou seja, se não lhe falta a plenitude da consciência e da vontade. Se presentes as duas espécies de capacidade a pessoa terá capacidade plena se ausente alguma delas, terá capacidade limitada, é o que ocorre, por exemplo, no caso dos absolutamente incapazes, cuja definição legal está nos arts. 3º e 4º do Código Civil e art. 8º do Código de Processo Civil, *in verbis*:

> Art. 3º São absolutamente incapazes de exercer pessoalmente os atos da vida civil:
>
> I – Os menores de dezesseis anos;
>
> II – Os que, por enfermidade ou deficiência mental, não tiverem o necessário discernimentos para a prática desses atos;
>
> III – Os que, mesmo por causa transitória, não puderem exprimir sua vontade.
>
> Art. 4º São incapazes, relativamente a certos atos ou à maneira de os exercer:
>
> I – Os maiores de dezesseis e menores de dezoito anos;
>
> II – Os ébrios habituais, os viciados em tóxicos, e os que por deficiência mental, tenham o discernimento reduzido;
>
> III – Os excepcionais, sem desenvolvimento mental completo;
>
> IV – Os pródigos.
>
> Art. 8º Os incapazes são representados ou assistidos por seus pais, tutores ou curadores, na forma da lei civil.

No direito do trabalho, o menor de 16 anos não pode trabalhar, salvo na condição de aprendiz, a partir dos 14 anos, havendo assim incapacidade plena como determina a lei. Dos 16 aos 18 anos, a pessoa é relativamente incapaz, podendo firmar recibos de pagamento, porém não pode assinar o termo de rescisão contratual, quando haverá necessidade de assistência de seu representante legal, conforme art. 439 da CLT. Por fim, a capacidade civil plena dos empregados dá-se aos 18 anos, idade em que poderá demandar e ser demandado na Justiça do Trabalho, sem assistência ou representação de seus pais, tutores, ou em caso de mulher casada, seus maridos.

No âmbito do processo civil, a capacidade postulatória é privativa aos advogados devidamente habilitados e inscritos na Ordem dos Advogados do Brasil, não podendo, as partes, atuarem em benefício próprio, ao contrário do âmbito do processo do trabalho, em que nas demandas envolvendo relação de emprego, além do advogado, ás partes, são conferidos o denominado *jus postulandi*, que é o direito de postular em causa própria.

De acordo com o art. 793 da CLT, as reclamações trabalhistas dos menores de 18 anos serão feitas por seus representantes legais, e, <u>na falta destes</u>, pela Procuradoria Regional do Trabalho, pelo sindicato profissional, pelo Ministério Público Estadual ou curador nomeado em juízo.

Neste sentido são os precedentes do Colendo Tribunal Superior do Trabalho é o que dispõe a jurisprudência a seguir:

> RECURSO DE EMBARGOS. MINISTÉRIO PÚBLICO. MENOR ASSISTIDO POR REPRESENTANTE LEGAL. AUSÊNCIA DE PREJUÍZO. DESNECESSIDADE DE INTERVENÇÃO DO *PARQUET*. A representação da menor por sua mãe, que é sua representante legal, supre o interesse do Ministério Público para, na qualidade de parte, atuar no processo em defesa de interesse de menor. Sua intervenção, nesse

caso, fica limitada à condição de custos legis. Desse modo, a falta de intervenção do Ministério Público, no primeiro grau de jurisdição, quando o interesse de menor que visa a proteger já se encontra resguardado e assistido pela representante legal, não incorre em nulidade, porque ausente o prejuízo a justificá-la. Exegese dos arts. 82, I, do CPC; 793 da CLT; e 83 da Lei Complementar n. 75/93. Embargos não conhecidos. (TST – Processo: E-RR – 667059/2000.9 Data de Julgamento: 28.4.2008, rel. Min. Aloysio Corrêa da Veiga, Subseção I Especializada em Dissídios Individuais, Data de Publicação: DJ 9.5.2008)

MENOR ASSISTIDA PELA MÃE. AUSÊNCIA DE NOTIFICAÇÃO DO MINISTÉRIO PÚBLICO DO TRABALHO PARA ACOMPANHAR O FEITO NO 1º GRAU DE JURISDIÇÃO. NUL I DADE. INOCORRÊNCIA. A eg. Subseção II da Seção Especializada em Dissídios Individuais desta alta Corte vem se posicionando no sentido de que, segundo o art. 793 da CLT, que cuida da representação e assistência processuais trabalhistas, estando a menor representada ou assistida por um de seus representantes legais, a intervenção do Órgão Ministerial no primeiro grau de jurisdição, apesar de relevante, não constitui requisito para a essência do ato. Assim sendo, há de se rejeitar a arguição de nulidade do processado, por falta de notificação do "Parquet" para acompanhar o feito desde a sua instauração, mormente porque, em sede de Parecer exarado ordinariamente, não apontou o mesmo qualquer nulidade no desenvolvimento da instrução processual e propugnou, explícita e textu almente, pela confirmação do julgado originário que havia dado pela im procedência da Reclamação. RR conhecido, mas improvido. (RR-425.093/98, 2ª T., rel. Juiz convocado Márcio Ribeiro do Valle, DJ 22.6.2001).

AÇÃO RESCISÓRIA. MENOR ASSISTIDO PELO PAI. INTERVENÇÃO DO MINISTÉRIO PÚBLICO DO TRABALHO. MENOR. REPRESENTAÇÃO. INTERVENÇÃO DO MINISTÉRIO PÚBLICO DO TRABALHO NO 1º GRAU DE JURISDIÇÃO. À luz do art. 793 da CLT, que rege a matéria em sede trabalhista, encontrando-se o menor representado ou assistido por seu pai, a intervenção do Ministério Público do Trabalho no primeiro grau de jurisdição, apesar de relevante, não constitui requisito para a essência do ato. Arguição de nulidade do processado, por ausência de notificação do *Parquet* para acompanhar o feito desde a sua instauração, que se rejeita, máxime quando, encaminha do o processo para sua manifestação na fase do recurso pelo Regional, não aponta qualquer nulidade no desenvolvimento de instrução e propugna pela confirmação do julgado, que deu pela improcedência da ação. Decisão rescindenda que se mantém, pois, a se permitir a intervenção do Ministério Público, estar-se-ia permitindo a própria intervenção no pátrio poder, assegurado constitucionalmente – art. 229 da Constituição c/c o art. 22 da Lei n. 8069, de 13-7-90 – Estatuto da Criança e do Adolescente. Recurso desprovido. (ROAR-537.669/99, rel. Min. José Luciano de Castilho Pereira, DJ 5.5.2000)

PRELIMINAR DE NULIDADE DO PROCESSO. AUSÊNCIA DE INTERVENÇÃO DO MINISTÉRIO PÚBLICO DO TRABALHO. RECLAMAÇÃO PROPOSTA POR MENOR DE IDADE ASSISTIDO POR SEU REPRESENTANTE LEGAL. Em nenhuma das normas de Direito do Trabalho que regem a intervenção do Ministério Público para atuar como custus legis, há a afirmação da existência de obrigatoriedade de sua presença no primeiro grau de jurisdição em caso de litígio versa n do sobre interesse de menores. Já o dispositivo que versa acerca da atuação da Procuradoria do Trabalho no primeiro grau de jurisdição sustenta a obrigatoriedade de sua intervenção tão somente nas situações em que funcionar como curador à lide, e isso, quando houver a ausência do re presentante legal (art. 793 da CLT). Sublinhe-se, ainda, por oportuno, que o processo só pode ser considerado nulo quando a Lei considerar obrigatória a intervenção do Ministério Público. Destarte, se o legislador processual quisesse abranger as causas dessa natureza, o teria mencionado expressamente. Recurso não conhecido (...). (TST – RR- 616.332/1999.0 Quarta Turma, Min. Barros Levenhagen, DJ de 16.8.2002)

No mesmo sentido, entendem os Egrégios Tribunais:

MINISTÉRIO PÚBLICO. INTERVENÇÃO EM RELAÇÃO A MENORES. Inaplicável o inciso I do art. 82 do CPC no processo do trabalho em relação à intervenção do Ministério Público quanto a interesse de menores, pois há regra específica no art. 793 da CLT. A Procuradoria do Trabalho só atua na falta dos representantes legais de menores. Não há omissão na CLT para se aplicar o CPC (art. 769 da CLT). (TRT 2ª Região – Acórdão 20020345377 – Juiz relator Sérgio Pinto Martins – Publicado no DOE/SP em 4.6.2002)

AUSÊNCIA DE INTERVENÇÃO DO MINISTÉRIO PÚBLICO. INTERESSE DE MENOR. NULIDADE DO PROCESSO. A ausência de intimação do Ministério Público para intervir nos feitos que envolvam interesses de menor acarreta a nulidade do processo, ex vi do disposto nos arts. 84 e 246, ambos do CPC. (TRT 12ª Região – AP 00483-1996-018-12-85- 9 – 3ª Turma – Juiz Gerson P. Taboada Conrado – Publicado no TRTSC/DOE em 13.10.2008)

A emancipação do menor 18 anos confere a ele a capacidade plena de praticar todos os atos da vida civil independentemente de assistência, cujas hipóteses estão previstas no art. 5º do Código Civil quais sejam: pela concessão dos pais, pelo casamento, pelo exercício de emprego público efetivo, pela colação de grau em curso de ensino superior ou pela existência de relação de emprego, desde que, neste último caso, o menor com 16 anos completos tenha economia própria.

Para Renato Saraiva, *Curso de Direito Processual do Trabalho*, p. 219, as normas de proteção a saúde do trabalhador, como as que proíbem o trabalho noturno, perigoso ou insalubre ao menor de 18 anos (art. 7º, inciso XXXIII, da CF/1988) ou a que impede que o menor labore em locais prejudiciais à sua formação, ao seu desenvolvimento físico, psíquico, moral e social (art. 403, parágrafo único da CLT), se estendem ao menor emancipado, por tratar-se se normas de ordem pública, de indisponibilidade absoluta que objetivam proteger a formação integral do menor, ainda incompleta, apesar da emancipação, com a qual concordamos.

Em caso de interdição posterior ao período do contrato de trabalho, aplica-se subsidiariamente à Justiça do Trabalho o art. 1.184 do Código de Processo Civil que reza:

Art. 1.184. A sentença de interdição produz efeito desde logo, embora sujeita a apelação (...).

Assim, o efeito da sentença de interdição é EX NUNC e neste sentido, já se posicionou o Egrégio TRT da 2ª Região ao dispor:

INTERDIÇÃO. EFEITOS *EX NUNC*. SENTENÇA PROFERIDA APÓS O TÉRMINO DO PACTO LABORAL. A decisão de origem não comporta reparos, porquanto a sentença de interdição proferida pelo Juízo Cível não produz efeito retroativo, conforme art. 1.184 do CPC, de forma a sustentar a tese de suspensão da execução trabalhista ou ilegitimidade de parte da agravante em face de incapacidade absoluta, pois somente a partir da sentença de interdição é que esta foi considerada incapaz para gerir sua vida e seus bens. Sendo o decreto de interdição posterior ao período do contrato de trabalho e dele não constando efeitos retroativos, merece ser confirmada a r. decisão agravada, mantendo-se a agravante como responsável pelo crédito exequendo. Agravo de Petição improvido. (TRT 2ª Região – Acórdão 20070977989 – Juíza relª. Sonia Maria Prince Franzini – Publicado no DOE/SP em 30.11.2007)

2.1.5. Jus postulandi

O art. 791 da CLT dispõe:

Os empregados e empregadores poderão reclamar pessoalmente perante a justiça do trabalho e acompanhar as suas reclamações até o final.

Assim, o *jus postulandi* nada mais é do que a faculdade de as partes envolvidas numa relação jurídica, ingressarem em juízo, sem a intermediação de advogado, para postularem pessoalmente seus interesses.

Esta mesma faculdade está prevista no art. 839, "*a*", da CLT, que salienta:

A reclamação poderá ser apresentada:

a) Pelos empregados e empregadores, pessoalmente, ou por seus representantes, e pelos sindicatos de classe.

Com a vigência da Constituição Federal de 1988, discutiu-se a possível revogação ou não do art. 791 da CLT em face da nova redação dada ao art. 133 que estabelece:

O advogado é indispensável à administração da justiça, sendo inviolável por seus atos e manifestações no exercício da profissão, nos limites da lei.

Apesar das divergentes correntes doutrinárias, entendemos que não houve revogação do art. 791 da CLT, eis que o próprio art. 133 da CF condiciona "aos limites da lei", a participação do advogado no processo, que, no caso do processo do trabalho é ajustado à possibilidade de as partes atuarem em juízo na busca pessoal de seus interesses.

Mesmo com o surgimento da Lei n. 8.906/94 art. 1º (Estatuto da OAB) que declarou ser atividade privativa dos advogados a postulação a qualquer órgão do Poder Judiciário e aos Juizados Especiais, não houve revogação do *jus postuland*, pois, conforme declara Amauri Mascaro Nascimento em *Curso de Direito Processual do Trabalho*, 22. edição, p. 417 "A lei geral, no caso Estatuto da OAB, não pode revogar lei especial, que é a CLT".

Entretanto, é imperioso ressaltar que o Excelso STF na ADIn n. 1.127-8, proposta pela Associação dos Magistrados do Brasil — AMB, suspendeu liminarmente a aplicação do art. 1º, I, da Lei n. 8.906/94 na Justiça do Trabalho, permanecendo, portanto, o *jus postulandi* da parte conforme art. 791 da CLT.

Corroborando o disposto acima, transcrevemos o entendimento jurisprudencial dos Egrégios Tribunais:

PETIÇÃO INICIAL. PROCESSO TRABALHISTA. INÉPCIA AFASTADA: "Considerando o informalismo que rege o processo do trabalho, que admite o *jus postulandi*, o exame da propedêutica não deve ser apreciado pelo rigor aplicado no processo comum. Se o sócio, presente em audiência, confirma a compra da empresa que contratou a reclamante, revelando ser sua a assinatura aposta na baixa da CTPS da trabalhadora, não há que se falar em inépcia da inicial, ainda que esta tenha silenciado sobre a sucessão de empresas". Recurso ordinário a que se dá provimento parcial. (TRT 2ª Região – Acórdão 20070637282 – 11ª turma – Desa. relª. Dora Vaz Treviño – Publicado no DOE/SP em 28.8.2007)

JUS POSTULANDI. APLICABILIDADE EM TODOS OS GRAUS DE JURISDIÇÃO. O disposto no art. 791 da CLT continua em vigor, não havendo falar que a Constituição da República promulgada em 1988, mormente por força do conteúdo do art. 133, não o tenha recepcionado, integral ou parcialmente. O fato de o advogado ter sido considerado como "indispensável à administração da justiça", por si só, não revogou a possibilidade de as partes reclamarem "pessoalmente perante a Justiça do Trabalho e acompanhar as suas reclamações até o final". (TRT 12ª Região – Acórdão AP 04151-2001-036-12-85- 3 – 3ª Turma -- Juíza Mari Eleda Migliorini – Publicado no TRTSC/DOE em 18.11.2008)

Observa-se na jurisprudência acima, que em função do *jus postulandi*, as partes poderão atuar sem a constituição de advogado em todas as instâncias trabalhistas, mesmo nos Tribunais Regionais e no Tribunal Superior do Trabalho.

Entretanto, há entendimento jurisprudencial divergente no sentido de que o acompanhamento da partes "até o final" deve ser considerado apenas na instância ordinária. Assim, em caso de eventual recurso extraordinário para o Supremo Tribunal Federal, ou mesmo recurso encaminhado ao Superior Tribunal de Justiça, a presença do advogado é imprescindível, sob pena do recurso não ser conhecido, até porque, o jus postulandi das partes, só pode ser exercido, junto à Justiça do Trabalho e a interposição de recurso no STF e STJ esgota a "jurisdição trabalhista", como bem assevera Carlos Henrique Bezerra Leite, *Curso de Direito Processual do Trabalho*, 6. ed., p. 403, com a qual concordamos.

Neste sentido, transcrevemos o entendimento do Colendo TST, *in verbis*:

REPRESENTAÇÃO PROCESSUAL – RECURSO ORDINÁRIO – *JUS POSTULANDI* – O art. 791 da CLT, parte final, estabelece que tanto o empregado como o empregador, poderão acompanhar as reclamações até o fim, assim considerado a instância ordinária. O não conhecimento do Recurso Ordinário subscrito por um dos proprietários da Reclamada ofende o mencionado dispositivo legal. Recurso de Revista provido. (TST – RR 351913, 3ª Turma. Ministro relator Carlos Alberto dos Reis de Paula, DJU 9.6.2000, p. 349)

AGRAVO DE INSTRUMENTO. RECURSO DE REVISTA. REPRESENTAÇÃO PROCESSUAL. JUS POSTULANDI. Trata-se de agravo de instrumento interposto contra despacho que denegou seguimento ao recurso de revista, que, também, veio subscrito pelo reclamante. O jus postulandi está agasalhado no art. 791 da CLT, que preceitua: "Os empregados e os empregadores poderão reclamar pessoalmente perante a Justiça do Trabalho e acompanhar as suas reclamações até o final". A expressão "até o final", portanto, deve ser interpretada levando-se em consideração a instância ordinária, já que esta é soberana para rever os fatos e as provas dos autos. O recurso de revista, por sua natureza de recurso extraordinário, exige seja interposto por advogado devidamente inscrito na OAB, a quem é reservada a atividade privativa da postulação em juízo, incluindo-se o ato de recorrer art. 1º da Lei n. 8.906/94. Agravo de instrumento não conhecido. (TST – 4ª Turma – AIRR 886/2000.401.05.00 – Publicado no DJ em 12.8.2008)

A faculdade do *jus postulandi*, também é estendida ao representante do espólio, conforme jurisprudência em destaque:

NULIDADE – ÓBITO DO AUTOR – *JUS POSTULANDI* – RATIFICAÇÃO DOS ATOS PROCESSUAIS ATRAVÉS DE HABILITAÇÃO – AUSÊNCIA DE PREJUÍZO – REGULARIDADE DO PROCEDIMENTO – PRETENSÃO DESFUNDAMENTADA – FAZENDA PÚBLICA – ATO ATENTATÓRIO Á DIGNIDADE DA JUSTIÇA. O Processo do Trabalho dispõe de norma própria, estabelecida pelo art. 791, *caput*, da CLT, que estabelece o *jus postulandi*. Falecido o autor, a extinção do mandato configura irregularidade plenamente sanável, pois prevalece o *jus postulandi* em relação ao espólio, não havendo falar-se em suspensão obrigatória do feito. Ademais, através da habilitação, com outorga de nova procuração, restam ratificados os atos processuais. Não se tratando de irregularidade insanável, e tendo em vista a possibilidade de convalidação dos atos processuais, a declaração de nulidade depende de prova robusta da existência de nulidade, diante do princípio estabelecido pelo art. 794, *caput*, da CLT. A Fazenda Pública, na qualidade de parte, deve observar os deveres inerentes à lealdade e boa-fé processuais, e se comparece a Juízo arguindo nulidade e apresentando pretensões divorciadas das normas legais aplicáveis à espécie, ou tecendo pretensões sem fundamento, fica sujeita às sanções legais relativas aos atos atentatórios à dignidade da Justiça. (TRT 2ª Região – Acórdão 20080287462 – 4ª Turma – Des. rel. Paulo Augusto Câmara – Publicado no DOE/SP em 22.4.2008)

Para Renato Saraiva, *Curso de Direito Processual do Trabalho*, 5. ed., p. 223, apesar da EC n. 45/2004 ter ampliado a competência material da Justiça do Trabalho para processar e julgar qualquer lide envolvendo relação de trabalho, o *jus postulandi* da parte é restrito às ações que envolvam relação de emprego, não se aplicando às demandas referentes à relação de trabalho distintas da relação empregatícia.

Logo, para o doutrinador, em caso de ações trabalhistas ligadas à relação de trabalho não subordinado, as partes deverão estar representadas por advogados, não se aplicando a elas o art. 791 da CLT, restrito a empregados e empregadores.

Carlos Henrique Bezerra Leite, p. 404, entende da mesma forma, porém, discordamos dos ilustres doutrinadores, em razão do que prevê o art. 114 da Constituição Federal, que confere à Justiça do Trabalho à competência de processar e julgar as ações oriundas das <u>relações de trabalho, sendo, portanto, plenamente possível a extensão do art. 791 da CLT aos trabalhadores não subordinados.</u>

Neste sentido, é imperioso destacar o Enunciado n. 67 aprovado pela 1ª Jornada de Direito Material e Processual do Trabalho, promoção conjunta da Anamatra, do Tribunal Superior do Trabalho e da Escola Nacional de Formação e Aperfeiçoamento dos Magistrados do Trabalho (Enamat), com apoio do Conselho Nacional das Escolas de Magistratura do Trabalho (Conematra), que propõe interpretação extensiva do instituto do *jus postulandi*, nos seguintes termos:

> *JUS POSTULANDI.* ART. 791 DA CLT. RELAÇÃO DE TRABALHO. POSSIBILIDADE. A faculdade de as partes reclamarem, pessoalmente, seus direitos perante a Justiça do Trabalho e de acompanharem suas reclamações até o final, contida no art. 791 da CLT, deve ser aplicada às lides decorrentes da relação de trabalho".

No mesmo sentido, estabelece a jurisprudência citada por Renato Saraiva em sua obra, p. 223, que acarreta entendimento contrário ao seu, senão vejamos:

> AMPLIAÇÃO DA COMPETÊNCIA DA JUSTIÇA DO TRABALHO – NOVAS AÇÕES – EXTENSÃO DO *JUS POSTULANDI.* Embora o TST tenha editado instrução normativa que prevê a aplicação do princípio da sucumbência nos feitos da nova competência, remanesce a aplicabilidade da regra do jus postulandi. Se e verdade que o rito procedimental deve corresponder às peculiaridades das relações de direito material apreciadas, também é certo que a apreciação estrita do CPC pode prejudicar partes a que a hipossuficiência atinge de forma mais aguda, exatamente por não contarem com as garantias do contrato de emprego. Por fim, há que atentar para a circunstância de que o *jus postulandi* sempre foi assegurado, nos feitos de competência da Justiça do Trabalho, a empregado, a empregador, assim como, também, a trabalhador eventual e àquele que buscava conhecimento de vínculo, ainda que sem sucesso. A conclusão, portanto, é de que não existe irregularidade na atuação da parte sem a presença de advogado, nos feitos da nova competência. Recurso a que se nega provimento para manter a decisão que reconheceu que o réu tem capacidade postulatória.

2.1.6. Honorários advocatícios e assistência judiciária gratuita

O princípio da sucumbência tradicionalmente consagrado no art. 20 do CPC em que declara que o vencido deve ressarcir ao vencedor todas as despesas que efetuou para o reconhecimento de seu direito, inclusive, àquelas resultantes da contratação de advogado, não se aplica ao processo do trabalho em razão do princípio da gratuidade processual admitido nesta Justiça Especializada.

Entretanto, com a promulgação da EC n. 45/2004, que ampliou a competência material da Justiça do Trabalho para processar e julgar qualquer ação envolvendo relação de trabalho, o Tribunal Superior do Trabalho, por meio da Resolução n. 126/2005, editou a IN n. 27/2005, dispondo sobre inúmeras normas procedimentais aplicáveis ao processo do trabalho, estabeleceu no art. 5º que, "exceto nas lides decorrentes da relação de emprego, os honorários advocatícios são devidos pela mera sucumbência".

Nossa posição está de acordo com o entendimento do C. TST no sentido de que ao trabalhador que ingressar com ação de competência da Justiça do Trabalho, lhe é assegurado o princípio da sucumbência.

Renato Saraiva, p. 250, discorda do entendimento do C. TST, por entender que a limitação da condenação em honorários de sucumbência nas lides decorrentes da relação de emprego apenas beneficia o empregador mau pagador, onerando ainda mais o trabalhador, o qual, além de não ter recebido seus créditos trabalhistas no momento devido, ainda é obrigado a arcar com pagamento de honorários advocatícios ao seu patrono, diminuindo, ainda mais, o montante das verbas a receber.

O art. 22 da Lei n. 8.906/1994, que disciplina o Estatuto da Advocacia, dispõe que a prestação de serviço profissional assegura aos inscritos na OAB o direito aos honorários convencionados, aos fixados por arbitramento judicial e aos de sucumbência.

Entretanto, sobre o assunto, existe forte dissenso doutrinário e jurisprudencial, formando-se duas correntes, em que a primeira, minoritária, entende que os <u>honorários advocatícios em caso de sucumbência são sempre devidos ao advogado</u>, tendo em vista o disposto no art. 133 da CF/1988 que a pessoa do advogado é indispensável à administração da justiça, sendo inviolável por seus atos e manifestações no exercício da profissão, nos limites da lei, no art. 20 do CPC ao estabelecer que a sentença condenará o vencido a pagar ao vencedor as despesas que antecipou e os honorários advocatícios e no art. 22 da Lei n. 8.906/1994, anteriormente citado.

Para a segunda corrente, majoritária, os honorários advocatícios nas demandas que envolvem relação de emprego, não decorrem simplesmente da sucumbência no processo, devendo a parte também ser beneficiária da assistência judiciária gratuita e estar assistida pelo sindicato profissional.

Esta corrente majoritária é defendida pelo Tribunal Superior do Trabalho, que consubstanciou seu entendimento nas Súmulas ns. 259 e 329, que têm, como suporte jurídico a Lei n. 1.060/1950, que estabelece normas para a concessão da assistência judiciária, em especial o art. 11, § 1º, que limita a condenação em honorários de 15%, senão vejamos:

> Art. 11. Os honorários de advogados e peritos, as custas do processo, as taxas e selo judiciais serão pagos pelo vencido, quando o beneficiário de assistência for vencedor na causa.
>
> §1º Os honorários do advogado serão arbitrados pelo juiz até o máximo de 15% (quinze por cento) sobre o líquido apurado na execução da sentença.

Note-se que o artigo da referida lei está em consonância com a OJ n. 348 do Colendo TST, ao acrescentar que os honorários advocatícios, quando devidos, serão pagos sobre o valor líquido da condenação, apurado na fase de liquidação de sentença, sem a dedução dos descontos fiscais e previdenciários, *in verbis*:

OJ N. 348. HONORÁRIOS ADVOCATÍCIOS. BASE DE CÁLCULO. VALOR LÍQUIDO. LEI N. 1.060, DE 5.2.1950 (DJ 25.4.2007)

Os honorários advocatícios, arbitrados nos termos do art. 11, § 1º, da Lei n. 1.060, de 5.2.1950, devem incidir sobre o valor líquido da condenação, apurado na fase de liquidação de sentença, sem a dedução dos descontos fiscais e previdenciários.

As Súmulas ns. 219 e 329 do C. TST seguem o mesmo entendimento:

SÚMULA N. 219. HONORÁRIOS ADVOCATÍCIOS – HIPÓTESE DE CABIMENTO. Na Justiça do Trabalho, a condenação ao pagamento de honorários advocatícios, nunca superiores a 15% (quinze por cento), não decorre pura e simplesmente da sucumbência, devendo a parte estar assistida por sindicato da categoria profissional e comprovar a percepção de salário inferior ao dobro do salário mínimo ou encontrar-se em situação econômica que não lhe permita demandar sem prejuízo do próprio sustento ao da respectiva família.

SÚMULA N. 329. HONORÁRIOS ADVOCATÍCIOS – ART. 133 DA CF/88. Mesmo após a promulgação da CF/1988, permanece válido o entendimento consubstanciado no Enunciado n. 219 do Tribunal Superior do Trabalho.

No processo do trabalho se faz necessário a presença concomitante dos requisitos da gratuidade processual e assistência do sindicato para percepção dos honorários advocatícios, exatamente nos termos da Orientação Jurisprudencial n. 305 da SDI-I do Colendo TST, que dispõe:

HONORÁRIOS ADVOCATÍCIOS – REQUISITOS – JUSTIÇA DO TRABALHO. Na Justiça do Trabalho o deferimento de honorários sujeita-se à constatação da ocorrência concomitante de dois requisitos: o benefício da justiça gratuita e a assistência por sindicato.

Neste sentido, já se manifestou o Colendo TST, como se vê do seguinte aresto:

HONORÁRIOS ADVOCATÍCIOS. I – Os honorários advocatícios, no Processo do Trabalho, não se orientam apenas pela sucumbência, mas continuam a ser regulados pelo art. 14 da Lei n. 5.584/70, estando a sua concessão condicionada estritamente ao preenchimento dos requisitos indicados na Súmula n. 219, do TST, ratificada pela Súmula n. 329, da mesma Corte, devendo a parte estar assistida por sindicato da categoria profissional e comprovar a percepção de salário inferior ao dobro do mínimo legal ou encontrar-se em situação econômica que não lhe permita demandar sem prejuízo do próprio sustento ou de sua família. II – Nesse sentido segue a Orientação Jurisprudencial n. 305 do TST, segundo a qual na Justiça do Trabalho o deferimento de honorários advocatícios sujeita-se à constatação da ocorrência concomitante de dois requisitos: do benefício da justiça gratuita e da assistência sindical. (TST – RR – 140/2006-383-04-00 – 4ª Turma – Ministro Barros Levenhagen – Publicação: DJ 1º.8.2008)

Destacamos, ainda, os seguintes arestos:

HONORÁRIOS ADVOCATÍCIOS. CONCESSÃO. No que diz respeito aos honorários advocatícios, resta pacificado o entendimento de que são devidos, nesta Justiça Especializada, exclusivamente os honorários assistenciais quando a parte estiver representada em Juízo por advogado credenciado pela entidade sindical representativa da sua categoria profissional, e não dispuser de meios para arcar com as despesas do processo sem prejuízo do sustento próprio ou da sua família (Lei n. 5.584/1970). (TRT 12ª Região – Acórdão-3ªT RO 00317-2008-046-12-00-3 – Juiz Gracio R. B. Petrone – Publicado no TRTSC/DOE em 19.11.2008)

(...) HONORÁRIOS ADVOCATÍCIOS. Havendo na legislação celetista regra específica acerca da matéria inadmissível a aplicação de normas previstas no Código Civil. O Tribunal Superior do Trabalho pacificou o entendimento de que os honorários advocatícios, nesta Justiça especializada, somente são devidos na ocorrência, simultânea, das hipóteses de gozo do benefício da justiça gratuita e da assistência do Sindicato da categoria profissional, para os trabalhadores que vençam até o dobro do salário-mínimo ou declarem insuficiência econômica para demandar. Note-se que sucessivas revisões legislativas modificaram profundamente a assistência judiciária no âmbito da Justiça do Trabalho: a Lei n. 10.288/01, acrescentou ao art.789, da CLT, o § 10, que derrogou o art. 14, da Lei n. 5.584/70; a Lei n. 10.537/02, alterou o art.789, da CLT, e excluiu o referido § 10, derrogando, também, com isso, o art. 16, da Lei n. 5.564/70. Daí aplicar-se a Lei n. 1.060/50, que não faz qualquer referência quer à assistência sindical, quer ao limite de ganho do beneficiário, para ensejar a condenação em honorários advocatícios como consequência da sucumbência (art. 11). Ressalvada essa concepção, acata-se, por disciplina judiciária, o entendimento cristalizado nas Súmulas ns. 219 e 329 e nas Orientações Jurisprudenciais da SBDI-1 n.s 304 e 305 do C. TST. (TRT 2ª Região – Acórdão 20080279931 – Des. rel. Luiz Carlos Gomes Godoi – 2ª Turma – Publicado no DOE/SP 29.4.2008)

Em caso de condenação da empresa ao pagamento dos honorários de advogado na base de 15% como estabelecido pela lei, apesar do empregado ser beneficiário da gratuidade processual, este valor não será revertido em favor dele, mesmo porque ele em nada despendeu com seu procurador, fornecido gratuitamente pelo sindicato.

Assim, a verba honorária deferida pelo juiz em caso de assistência por Sindicato, será à ele revertida, exatamente nos termos do art. 16 da Lei n. 5.584/70 que estatui:

Art. 16. Os honorários do advogado, pagos pelo vencido, reverterão em favor do Sindicato assistente.

Verifica-se que são duas leis que dispõem sobre a concessão de assistência judiciária. A primeira delas é a já mencionada Lei n. 1.060/1950 em que a assistência judiciária aos necessitados é prestada pelo poder público federal e estadual, independentemente da colaboração dos municípios e da Ordem dos Advogados do Brasil (art. 1º). A segunda é a Lei n. 5.584/1970 que disciplina a concessão de assistência judiciária na Justiça do Trabalho em que esta será prestada aos necessitados, por meio do Sindicato profissional a que pertencer o trabalhador.

Entretanto, é importante frisar que nos termos do art. 18 da Lei n. 5.584/70, a assistência judiciária será prestada ao trabalhador pelo seu sindicato profissional, mesmo que o obreiro não seja associado ao respectivo ente sindical, não sendo lícito, portanto, ao sindicato profissional negar assistência jurídica ao trabalhador ou mesmo condicioná-lo à sua associação.

Um dos requisitos para obter a percepção da assistência judiciária gratuita é o trabalhador perceber salário igual ou inferior ao dobro do mínimo legal, ficando assegurado igual benefício ao trabalhador de maior salário, desde que provado que situação econômica não lhe permite demandar, sem prejuízo do sustento próprio e de sua família, situação antigamente comprovada por meio de diligência sumária no prazo de 48 horas realizada pela autoridade local do Ministério do Trabalho ou mesmo Delegado de Polícia da região onde residia o obreiro. (art. 14, §§ 2º e 3º, da Lei n. 5.584/70)

Contudo, com o advento da Lei n. 7.115/1983 art. 1º, deixou de ser obrigatória a apresentação de atestado de pobreza, bastando que o interessado de próprio punho ou por seu procurador com poderes específicos, sob as penas da lei, declarasse a veracidade da situação.

Destaca-se que assistência judiciária gratuita não é sinônimo de benefício da justiça gratuita, pois, a primeira está relacionada à gratuidade da assistência técnica, que no caso é o Sindicato, enquanto que a segunda, refere-se exclusivamente à gratuidade nas despesas processuais, ou seja, custas, emolumentos, taxas judiciárias e selos etc. (art. 3º da Lei n. 1.060/1950), mesmo que a representação processual tenha sido prestada por advogado particular constituído pela parte.

Para Carlos Henrique Bezerra Leite, *Curso de Direito Processual do Trabalho*, p. 420, a assistência judiciária nos domínios do processo do trabalho, é monopólio das entidades sindicais, onde temos o assistente (sindicato) e o assistido (trabalhador), cabendo ao primeiro oferecer serviços jurídicos em juízo ao segundo. A assistência judiciária gratuita abrange o benefício da justiça gratuita.

Já o benefício da justiça gratuita, que é regulado pelo art. 790, § 3º, da CLT, pode ser concedido por qualquer juiz de qualquer instância a qualquer trabalhador, independentemente de estar sendo patrocinado por advogado ou sindicato, que litigue na Justiça do Trabalho, desde que perceba salário igual ou inferior ao dobro do mínimo legal ou que declare que não está em condições de pagar as custas do processo sem prejuízo do sustento próprio ou de sua família. O benefício da justiça gratuita implica apenas a isenção do pagamento de despesas processuais.

De acordo com este entendimento, Carlos Henrique Bezerra Leite, p. 420, menciona jurisprudência do Colendo TST que vem admitindo a coexistência da justiça gratuita e assistência judiciária, *in verbis*:

> (*Omissis*) JUSTIÇA GRATUITA – Cabe ressaltar não haver nenhuma sinonímia entre os benefícios da justiça gratuita e o beneplácito da assistência judiciária. Enquanto a assistência judiciária reporta-se à gratuidade da representação técnica, hoje assegurada constitucionalmente (art. 5º, LXXIV), a justiça gratuita refere-se exclusivamente às despesas processuais, mesmo que a assistência judiciária tenha sido prestada por advogado livremente constituído pela parte. Assim, a assistência judiciária de que cuida a Lei n. 5.584/70 foi alçada apenas em um dos requisitos da condenação a honorários advocatícios, reversíveis à entidade que a prestou, ao passo que os benefícios da justiça gratuita se orientam unicamente pelo pressuposto do estado de miserabilidade da parte, comprovável a partir de o salário percebido ser inferior ao dobro do mínimo, ou mediante declaração pessoal do interessado. Isso porque o atestado de pobreza ou prova de miserabilidade de que cuidam os §§ 2º e 3º do art. 14 da Lei n. 5.584/70 encontra-se mitigado pela Lei n. 7.115/83, que admite a simples declaração do interessado, sob as penas da lei, de que não tem condições de demandar em juízo sem comprometimento do sustento próprio e da sua família. Com isso, tendo o Regional registrado a existência de declaração de pobreza, é cabível a concessão de benefícios da justiça gratuita, isentando o reclamante das custas processuais a que fora condenado. Ao mesmo tempo cumpre registrar que muito embora o recorrente seja beneficiário da gratuidade de justiça, isso não significa que o referido benefício alcance o valor pecuniário aplicado a título de multa por litigância de má-fé, uma vez que a gratuidade da justiça não é salvo-conduto para o abuso do direito, e a enumeração taxativa do art. 3º da Lei n. 1.060/50 não a cita. Recurso conhecido e provido. (TST – RR 688649 – 4ª Turma – Rel. Min. Antonio José de Barros Levenhagen – DJU 29.8.2003)

A lei assegura os benefícios da gratuidade processual, somente ao empregado, por ser assalariado, tal benéfico não é atribuído ao empregador, pois, para este, não há previsão infraconstitucional que lhe garanta tal direito, sobretudo quando pessoa jurídica.

A jurisprudência nesse sentido é praticamente uníssona, vejamos:

BENEFÍCIOS DA JUSTIÇA GRATUITA. PESSOA JURÍDICA. DEPÓSITO RECURSAL. INAPLICABILIDADE. SÚMULA N. 6 DO C. TRIBUNAL REGIONAL DO TRABALHO DA SEGUNDA REGIÃO. Segundo o art. 2º, parágrafo único, da Lei n. 1.060/50 considera-se necessitada a pessoa cujas despesas processuais possam importar em prejuízo "próprio ou familiar", o que por interpretação lógica conduz à peroração de que apenas as pessoas físicas podem ser beneficiárias da gratuidade dos atos processuais. Ademais, a Lei n. 5.584/70, ao versar sobre a assistência gratuita, faz menção unicamente ao empregado, não citando, em momento nenhum o empregador. (TRT 2ª Região – Acórdão 20080597704 – 12ª Turma – Desª. relª. Vania Paranhos – Publicado no DOE em 3.7.2008)

JUSTIÇA GRATUITA. PESSOA JURÍDICA: O benefício da justiça gratuita, no âmbito trabalhista, é dirigido ao assalariado, que vende sua força de trabalho, tendo por intuito assegurar-lhe acesso ao Judiciário, possibilitando-lhe a satisfação dos direitos decorrentes da prestação laboral. É incabível o deferimento de graciosidade judiciária a pessoa jurídica, que deve responder pelas custas processuais, além de ser obrigada a realizar o depósito recursal, caso pretenda a revisão do julgado pela instância *ad quem*. Agravo de Instrumento a que se nega provimento. (TRT 2ª Região – Acórdão 20071121018 – 11ª Turma – Desª. relª. Dora Vaz Treviño – Publicado no DOE em 22.1.2008)

JUSTIÇA GRATUITA. PESSOA JURÍDICA. IMPOSSIBILIDADE. As Leis ns. 1.060/50 e 5.584/70 prevêem a concessão da assistência judiciária gratuita para efeito de isenção do pagamento das custas processuais tão somente à pessoa física, não havendo como ser estendido o benefício à pessoa jurídica, mesmo diante da alegada impossibilidade de arcar com as despesas do processo. Assim, não tendo a ré comprovado o recolhimento das custas processuais, o recurso por ela interposto deve ser considerado deserto. (TRT 12ª Região – Acórdão-3ªTurma – RO 00306-2008-051-12-00-9 – Juíza Gisele P. Alexandrino – Publicado no TRTSC/DOE em 20.11.2008)

INDEFERIMENTO DA JUSTIÇA GRATUITA AO EMPREGADOR. É inacolhível a pretensão da pessoa jurídica de direito privado ao benefício da justiça gratuita, espécie do gênero assistência judiciária que a Lei n. 5.584/70, em seu art. 14, restringe, na Justiça do Trabalho, a integrantes da categoria profissional, vale dizer, aos empregados, desde que declaradamente necessitados ou aufiram até dois salários mínimos. O fato de a reclamada ser entidade sem fins lucrativos em nada altera o deslinde da questão. (TRT 12ª Região – Acórdão-3ªT RO 00149-2008-051-12-00-1 – Juiz Gracio R. B. Petrone – Publicado no TRTSC/DOE em 13.11.2008)

Entretanto, o C. TST admitiu em algumas situações o pedido de justiça gratuita para empregador pobre, concedendo-lhe isenção de custas processuais para recorrer de sentença em que foi condenado ao pagamento de verbas trabalhistas. Referido empregador, declarou de próprio punho, sob as penas da lei, apesar ser um microempresário, que não tinha condições de pagar as custas do processo sem prejuízo do próprio sustento e de sua família.

Transcrevemos a decisão, *in verbis*:

INSUFICIÊNCIA ECONÔMICA DO EMPREGADOR – JUSTIÇA GRATUITA. O Reclamado, dono de uma firma individual, enquadrado como microempresário, ao interpor o Recurso ordinário, declarou, de próprio punho sob as penas da lei, ser pobre na acepção jurídica do termo, não tendo condições de residir em Juízo pagando as custas do processo sem prejuízo do próprio sustento e dos respectivos familiares. Assim, não se apresenta razoável, diante da peculiaridade evidenciada nos autos, a deserção declarada pelo Tribunal Regional, na medida em que o entendimento adotado acabou por retirar do Reclamado o direito à ampla defesa, impedindo-o de discutir a condenação que lhe foi imposta em 1º Grau. A tese lançada na Decisão revisanda vai de encontro aos termos do art. 5º da Constituição Federal, pois tal dispositivo, em seu inciso LXXIV, estabelece textualmente que o Estado prestará assistência judiciária integral e gratuita aos que comprovarem insuficiência de recursos, sem fazer qualquer distinção entre pessoas física e jurídica. Recurso conhecido e provido. (TST – 2ª Turma – RR 728010/2001.0 – DJ 11.4.2006)

No mesmo sentido, destacamos:

BENEFÍCIO DA JUSTIÇA GRATUITA – EMPREGADOR – A discussão que se coloca, hodiernamente, é sobre a possibilidade de concessão do benefício da justiça gratuita à pessoa jurídica. O simples fato de ser empregador não a desautoriza, principalmente em se tratando de empregador doméstico. O benefício da assistência judiciária gratuita tem sede na Constituição e na Lei 1.060/50, que disciplina os requisitos para sua concessão, quais sejam não ter a parte condições para demandar sem prejuízo do próprio sustento e o de sua família, sendo bastante a declaração do próprio interessado. O Regional registra a existência dessa prova. Destarte, o empregador doméstico, desde que declarada a sua miserabilidade jurídica, é também destinatário do benefício da justiça gratuita. Entretanto, o benefício se limita às custas processuais, visto que a lei exime apenas do pagamento das despesas processuais e o depósito recursal trata-se de garantia do juízo de execução. Recurso provido. (TST – RR. 771.191/01.0 – 4ª Turma – Rel. Min. Antônio José de Barros Levenhagen – DJU 14.2.2003, p. 654)

A parte contrária poderá, em qualquer fase da lide, requerer a revogação dos benefícios de assistência, desde que comprove a inexistência ou o desaparecimento dos requisitos essenciais à sua concessão (art. 7º da Lei n. 1.060/1950).

Salientamos que com a reforma trabalhista, precisamente no art. 791 A, determina o cabimento dos honorários de sucumbência que poderá variar de 5% a 15%, sobre o valor da liquidação de sentença, conforme os texto abaixo:

Art. 791-A. Ao advogado, ainda que atue em causa própria, serão devidos honorários de sucumbência, fixados entre o mínimo de 5% (cinco por cento) e o máximo de 15% (quinze por cento) sobre o valor que resultar da liquidação da sentença, do proveito econômico obtido ou, não sendo possível mensurá-lo, sobre o valor atualizado da causa.

§ 1º Os honorários são devidos também nas ações contra a Fazenda Pública e nas ações em que a parte estiver assistida ou substituída pelo sindicato de sua categoria.

§ 2º Ao fixar os honorários, o juízo observará:

I – o grau de zelo do profissional;

II – o lugar de prestação do serviço;

III – a natureza e a importância da causa;

IV – o trabalho realizado pelo advogado e o tempo exigido para o seu serviço.

§ 3º Na hipótese de procedência parcial, o juízo arbitrará honorários de sucumbência recíproca, vedada a compensação entre os honorários.

§ 4º Vencido o beneficiário da justiça gratuita, desde que não tenha obtido em juízo, ainda que em outro processo, créditos capazes de suportar a despesa, as obrigações decorrentes de sua sucumbência ficarão sob condição suspensiva de exigibilidade e somente poderão ser executadas se, nos dois anos subsequentes ao trânsito em julgado da decisão que as certificou, o credor demonstrar que deixou de existir a situação de insuficiência de recursos que justificou a concessão de gratuidade, extinguindo-se, passado esse prazo, tais obrigações do beneficiário.

§ 5º São devidos honorários de sucumbência na reconvenção.

2.1.7. Representação e assistência

Primeiramente convém ressaltar que há distinção entre representação e assistência.

Representar significa desempenhar atribuições que lhe foi confiado, ou seja, buscar a defesa dos interesses de outrem.

Conforme as palavras do doutrinador Renato Saraiva, p. 224, na representação o representante age no processo em nome do titular da pretensão defendendo o direito do próprio representado. Em outras palavras, o representante figura no processo em nome e na defesa de interesse de outrem.

Para Amauri Mascaro Nascimento, p. 372, representar significar tornar presente, esta no lugar de alguém, desempenhar um papel que se lhe é confiado. Representante é exatamente aquele que surge no lugar de quem não pode desempenhar. Representação é o ato ou a ação, mas também a qualidade atribuída para o fim de agir no lugar de outrem.

A representação pode ser de diversos tipos:

a) Representação legal: é aquela imposta pela da lei. Exemplo: A representação da categoria em juízo, por sindicato (art. 8º, III, da CF e art. 513, "a", da CLT); Representação das pessoas jurídicas de direito público

b) Representação Convencional: é aquela facultada à parte, ou seja, é ato de disposição da própria vontade da parte de se fazer representar em juízo. Exemplo: representação do empregador por preposto (art. 843, § 1º, da CLT).

c) Representação geral: é a legitimidade total do representante para atuar em todos os atos processuais. Exemplo: representação do incapaz pelo pai, tutor ou curador.

d) Representação parcial: àquelas restritas a alguns atos ou fases processuais. Exemplo: representação de algum ato específico, como comparecimento do representante em audiência para representar empregado que por motivo de doença, comprovada, não pode comparecer. (art. 843, § 2º, da CLT).

No que tange à assistência, esta pode ter inúmeros significados, consistindo numa assistência interventiva, litisconsorcial, assistência judiciária e assistência judicial dos relativamente incapazes (art. 4º do CC).

O assistente intervém na lide apenas para auxiliar a parte, pois, o assistido pode manifestar livremente sua vontade junto ao assistente.

Wagner D. Giglio, *Direito Processual do Trabalho*, 14. ed., p. 108, pondera que o assistente, ao contrário do representante, apenas supre a deficiência de vontade do assistido, e não a substitui. Assim, não pode o assistente, por exemplo, fazer acordo em nome do assistido, mas é este que, após consulta com seu responsável legal, deve aceitar ou recusar a conciliação proposta.

Portanto, o assistente não é parte na ação, mas um terceiro, auxiliando a parte.

2.1.8. Representação das pessoas físicas

Já dissemos que toda pessoa física que tem capacidade civil também tem capacidade processual. Entretanto, os que não têm capacidade civil como os incapazes, estes serão representados ou assistidos por seus pais, tutores ou curadores, na forma da lei.

2.1.9. Representação do empregado por sindicato

Os arts. 791, § 1º, combinado com art. 513, "a", da CLT facultam às partes (empregado e empregador) nos dissídios individuais fazer-se representar por intermédio de sindicato representante da categoria de classe.

Convém ressaltar que a Lei n. 5.584/70 art. 18, revogou parcialmente o art. 791, § 1º, da CLT dispondo que a representação do empregado por sindicato, independe de ser ele associado ou não, veja:

> Art. 18. A assistência judiciária, nos termos da presente Lei, será prestada ao trabalhador ainda que não seja associado do respectivo Sindicato.

Assim, não subsiste a exigência de a representação ser conferida apenas ao associado da entidade de classe.

O art. 843, § 2º da CLT, destaca outra hipótese de representação do empregado por sindicato, senão vejamos:

> Art. 843. (...)
>
> §2º. Se por doença ou qualquer outro motivo poderoso, devidamente comprovado, não for possível ao empregado comparecer pessoalmente, poderá fazer-se representar por outro empregado que pertença à mesma profissão, ou pelo sindicato. (g. n)

Ocorre que a representação prevista nesse artigo não significa representação processual, pois, conforme explica Wagner Giglio, este dispositivo deve ser entendido, em consonância com a melhor doutrina e com apoio na jurisprudência dominante, que essa norma apenas prevê a possibilidade de o sindicato, por um de seus dirigentes, comparecer à audiência para provar a doença ou outro motivo poderoso determinante da ausência do reclamante, para o fim exclusivo de evitar o arquivamento do processo.

2.2. Representação do empregado por outro empregado

O mesmo art. 843, § 2º, da CLT acima citado prevê a possibilidade do empregado que não pode comparecer à audiência por motivo de doença, devidamente comprovado, de ser representado por outro empregado, desde que pertença à mesma profissão.

Veja que tanto a representação do empregado por sindicato como por outro empregado descrito no art. 843, § 2º, da CLT, não se trata de representação processual, uma vez que em ambos os casos o fim objetivado da norma é tão somente evitar o arquivamento do processo, quando o empregado por motivo de doença, não puder comparecer.

A figura do sindicato e do empregado da mesma profissão, na representação do empregado ausente perante o juízo, não é de representá-lo processualmente, mas, apenas de comprovar a veracidade da doença ou outro motivo relevante que impediu o autor de comparecer à audiência, evitando-se assim, a extinção do processo sem resolução de mérito com o consequente arquivamento dos autos.

Conforme Carlos Henrique Bezerra Leite, p. 407, não se cuida, pois, de representação, porque, a rigor, nem o dirigente sindical nem o empregado da mesma profissão poderão praticar atos processuais inerentes à representação, como confessar, transigir, desistir da ação, recorrer etc.

2.2.1. Representação na reclamatória plúrima e na ação de cumprimento

Esta hipótese está prevista no art. 843 da CLT que dispõe o seguinte:

> Art. 843. Na audiência de julgamento deverão estar presentes o reclamante e o reclamado, independentemente do comparecimento de seus representantes, salvo nos casos de Reclamatórias Plúrimas ou Ações de Cumprimento, quando os empregado poderão fazer-se representar pelo Sindicato de sua categoria.

Tendo em vista a existência de vários reclamantes neste tipo de ação, os juízes passaram a aceitar a chamada "comissão de representantes" que normalmente é a representação dos empregados por advogado do Sindicato, cujo objetivo é evitar que todos os empregados compareçam à Justiça do Trabalho ou na hipótese em que todos ainda estejam trabalhando na empresa, não fique esta impossibilitada de contar com todos os trabalhadores ao mesmo tempo.

Ressalte-se, entretanto, que não há previsão legal para esse tipo de comissão, sendo, portanto, faculdade do juiz aceitar ou não.

Imperioso esclarecer que nas reclamatórias plúrimas a representação dos empregados por sindicato também é meramente fática, e não processual, pois o sindicato, neste caso, também não poderá transigir, desistir da ação, confessar, recorrer, entre outros, em nome dos empregados por ele representados.

Entretanto, na ação de cumprimento o sindicato atua como substituto processual, lhe sendo facultado defender direito alheio, independentemente de autorização dos substituídos.

2.2.2. Representação dos empregados menores e incapazes

Verifica-se na doutrina, extensa discussão se o menor de 18 anos é representado ou assistido nos processos trabalhistas.

Para Sérgio Pinto Martins, *Direito Processual do Trabalho*, 21. ed., p. 193, por exemplo, a CLT confunde representação e assistência, pois, ora emprega um com o significado do outro e vice-versa. É o caso do § 1º do art. 791 da CLT ao afirmar que nos dissídios individuais os empregados e empregadores poderão fazer-se *representar* por intermédio do sindicato, advogado, solicitador ou provisionado, enquanto que o § 2º do mesmo artigo menciona que nos dissídios coletivos aos interessados a *assistência* por advogado e o art. 792 da CLT ao estabelecer que os maiores de 18 anos e menores de 21 anos poderão pleitear perante a Justiça do trabalho sem a *assistência* de seus pais, tutores ou maridos.

Esta discussão toda surge porque o art. 7º, XXXIII, da CF/88, com a nova redação dada ao inciso pela Emenda Constitucional n. 20/98, que estabelece a "proibição de trabalho noturno, perigoso ou insalubre a menores de 18 e de que qualquer trabalho a menores de 16 anos, salvo na condição de aprendiz, a partir de 14 anos".

Contudo, para o processualista Amauri Mascaro Nascimento, p. 377, os menores no plano do direito civil, são assistidos ou representados. Porém, no processo trabalhista, são sempre representados. Esta é uma representação processual. Não deve ser confundida com aquela, que é uma representação do direito substancial. A sutil distinção entre assistência e representação no plano material não deve ser transportada para a relação jurídica processual. Basta falar em representação, e pronto. O menor assistido ou representado, continua com a capacidade de ser parte e o responsável legal com a capacidade de estar em juízo.

Concordamos com o pensamento do ilustre processualista, vez que é cediço que somente aos 18 anos o empregado adquire a maioridade trabalhista, momento em que passa a ter plena capacidade processual, que é a capacidade de estar em juízo. Assim, na Justiça do Trabalho não importa se o empregado é menor de 14 anos ou se tem entre 14 e 16 anos ou ainda, entre 16 e 18 anos, todos somente terão capacidade de ser parte no processo, tendo capacidade de estar em juízo, somente seu responsável legal, até porque, a CLT, em seu art. 793, com nova redação dada pela Lei n. 10.288/2001, não faz distinção entre os menores de 14 e 18 anos, conforme se lê:

> Art. 793. A reclamação trabalhista do menor de 18 anos será feita por seus representantes legais e, na falta destes, pela Procuradoria da Justiça do Trabalho, pelo Sindicato, pelo Ministério Público estadual ou curador nomeado em juízo.

As recentes estatísticas de exploração do trabalho infantil, apontam que crianças e adolescentes de 6 anos aos 18 anos trabalham de forma subordinada e muitas vezes em ambientes prejudiciais à sua saúde física e mental, comprometendo a sua dignidade enquanto pessoa humana merecedora de proteção especial do Estado, da família e de toda sociedade. Nestes casos, entende Carlos Henrique Bezerra Leite p. 409, que, embora nula a relação empregatícia, esta produz todos os efeitos, como se válida fosse, razão pela qual os responsáveis legais poderão representar tais menores em ação que objetive a percepção das verbas trabalhistas correspondentes. Trata-se, em tais casos, de *representação*, e não de *assistência*.

No que concerne ao tema colecionamos os seguintes julgados:

> PROCESSO DO TRABALHO. MENOR. CAPACIDADE DE ESTAR EM JUÍZO. ASSISTÊNCIA POR IRMÃO. IRREGULARIDADE. No processo do trabalho, os menores de dezoito anos não possuem capacidade de estar em Juízo (capacidade de exercício ou de fato), necessitando, para tanto, da assistência do pai, da mãe, e, na falta destes, do Procurador do Trabalho, do sindicato, do Ministério Público Estadual ou de curador à lide (art. 793/CLT). Nesse passo, é irregular a representação de menor

por seu irmão, principalmente não tendo nos autos nenhum indício de que os pais do menor não sejam vivos ou que estariam impossibilitados de assim proceder. O acordo firmado pelo menor, acompanhado por seu irmão, é ato anulável, na forma do art. 171, inc. I, do CC, por praticado por agente relativamente incapaz, sem a assistência de seu representante legal. (TRT 12ª Região – Processo RO 00731-2006-012-12-00-3 – 3ª Turma – Juiz Narbal A. Mendonça Fileti – Publicado no TRTSC/DOE em 21.10.2008)

AUSÊNCIA DE INTERVENÇÃO DO MINISTÉRIO PÚBLICO. INTERESE DE MENOR. NULIDADE DO PROCESSO. A ausência de intimação do Ministério Público para intervir nos feitos que envolvam interesses de menor acarreta a nulidade do processo, ex vi do disposto nos arts. 84 e 246, ambos do CPC. (TRT 12ª Região – Processo 00483-1996-018-12-85- 9 – 3ª Turma – Juiz Gerson P. Taboada Conrado – Publicado no TRTSC/DOE em 13.10.2008)

MENOR. CURATELA. MINISTÉRIO PÚBLICO. ART. 793 DA CLT. INEXISTÊNCIA DE NULIDADE. PRINCÍPIO DA TRANSCENDÊNCIA. Consoante o disposto no art. 793 da Consolidação, na falta dos representantes legais do menor, a sua assistência na ação trabalhista pode ser efetuada por agente do Ministério Público. Prescindível prova de que os genitores não lhe puderam dar assistência para que o referido agente político possa lhe prestar curatela, que, ao reverso, se afigura dever legal. Ademais, por aplicação do princípio da transcendência (art. 794 da CLT), o prejuízo é elemento essencial para declaração de nulidade processual. (TRT 12ª Região – Processo RO 00206-2007-016-12-00-4– 3ª Turma – Juíza Ligia M. Teixeira Gouvêa – Publicado no TRTSC/DOE em 26.8.2008)

2.2.3. Representação das pessoas jurídicas e outros entes sem personalidade

Apesar do art. 843 da CLT estabelecer que as partes deverão estar presentes na audiência de julgamento, independentemente do comparecimento de seus representantes, o empregador, entretanto, poderá fazer-se "substituir pelo gerente ou qualquer outro preposto que tenha conhecimento do fato, e cujas declarações obrigarão o proponente".

Conforme ensina Carlos Henrique Bezerra Leite, p. 411, fazer-se substituir não guarda qualquer pertinência com a substituição processual, que é uma espécie de legitimação *ad causam* extraordinária.

Alguns doutrinadores entendem que para ser preposto não precisa necessariamente ser empregado da empresa, visto que a lei não exige essa qualidade. A exemplo disso pensa o doutrinado Antonio Lamarca citado por Amauri Mascaro Nascimento, p. 379, ao sustentar que o conceito de preposto não precisa coincidir, necessariamente, com a figura do empregado como tal definido no art. 3º do Estatuto Obreiro.

Contudo, a jurisprudência se firmou no sentido de que só o empregado da empresa reclamada pode servir de preposto, e não qualquer pessoa, como parecia indicar a redação dada pelo art. 843 da CLT. Posição que adotamos, pois, não pode uma pessoa alheia ao âmbito laboral ter conhecimento dos fatos como determina a lei.

Neste sentido, é o que dispõe a jurisprudência:

Preposto. Empregado de escritório de contabilidade. Revelia. O preposto deve ser empregado da empresa reclamada, exceto quando o empregado é empregado doméstico. A empresa que não se faz representar por verdadeiro empregado, mas por empregado de escritório de contabilidade, é revel e confessa quanto à matéria de fato. Recurso Ordinário não provido. (TRT 2ª Região – Acórdão 20080928930 – Juiz rel. Davi Furtado Meirelles – 12ª Turma – Publicado no DOE/SP em 24.10.2008)

PREPOSTO NÃO EMPREGADO. REPRESENTAÇÃO IRREGULAR. REVELIA E CONFISSÃO. A nomeação de preposto sem vínculo de trabalho com a empresa, não satisfaz os ditames do art. 843, § 1º, da CLT, cuja inteligência foi explicitada na Súmula n. 377, do C.TST, segundo a qual preposto tem que ser empregado, salvo na hipótese de empregador doméstico. A restrição consagrada na jurisprudência, à representação em Juízo por não empregados, atende aos fins do art. 843, § 1º, da CLT, evitando a profissionalização da função de preposto, que produziria grave desequilíbrio entre as partes litigantes. (TRT 2ª Região – Acórdão 20070836447 – Juiz rel. Ricardo Artur Costa e Trigueiros – 4ª Turma – Publicado no DOE/SP em 5.10.2007)

Esta questão já foi pacificada, inclusive, pela Súmula n. 377 do Colendo Tribunal Superior do trabalho, *in verbis*:

Exceto quanto à reclamação de empregado doméstico, o preposto deve ser necessariamente empregado do reclamado. Inteligência do art. 843, § 1º, da CLT.

Ademais, a jurisprudência, entende, ainda, que o desconhecimento dos fatos pelo preposto em audiência, equivalerá ao não comparecimento do empregado, sendo-lhe gerando a confissão ficta do mesmo.

Confissão ficta. Depoimento do preposto. Desconhecimento dos fatos – O preposto deve ter conhecimento dos fatos da lide, seja por ouvir dizer, seja por ter examinado a ficha de registro do empregado. O desconhecimento dos mesmos implica em confissão ficta quanto à matéria de fato. Exegese do § 1º, do art. 843 da CLT, segundo o qual é facultado "ao empregador fazer-se substituir pelo gerente, ou qualquer outro preposto que tenha conhecimento do fato, e cujas declarações obrigarão o proponente" (grifei). De acrescentar, ainda, que a oitiva da parte tem justamente por objetivo extrair-se dela a confissão. (TRT 2ª Região – Acórdão 20080543337 – Juíza relª. Maria Aparecida Duenhas – 11ª Turma – Publicado no DOE/SP em 1º.7.2008)

CONFISSÃO. PREPOSTO. DESCONHECIMENTO DOS FATOS. É aplicável à ré a confissão ficta quando o preposto desconhece os horários trabalhados pelo autor e desconhece outros fatos relevantes da contratualidade. (TRT 12ª Região – Processo RO 01958-2007-032-12-00-1 – 3ª Turma – Juiz Gilmar Cavalieri – Publicado no TRTSC/DOE em 4.11.2008)

Colacionamos, entretanto, entendimento contrário a maioria jurisprudencial, *in verbis*:

REPRESENTAÇÃO. PREPOSTO NÃO É TESTEMUNHA. DESNECESSÁRIA A CIÊNCIA PESSOAL DOS FATOS. Preposto não é testemunha, e assim, não precisa ter conhecimento pessoal dos fatos. Assim, inócua a alegação da reclamada de que não tinha como fazer-se representar em audiência por estar doente o único sócio, e que não tinha mais empregados contemporâneos do reclamante na empresa. Bastaria à ré ter trazido empregado atual para representá-la, já que o § 1º do art. 843 da CLT autoriza a substituição por gerente ou preposto que tenha conhecimento do fato, não necessitando que tal pessoa tenha trabalhado na mesma época que o reclamante; II – CONFISSÃO. AUSÊNCIA DA RECLAMADA À AUDIÊNCIA. CONFISSÃO FICTA. A ausência da reclamada à audiência enseja a presunção decorrente da confissão ficta, segundo a qual se tornam-se por verdadeiros os fatos articulados na petição inicial, conforme expressamente preconizado no art. 844, *caput*, da CLT. Na situação dos autos, a decisão do Juízo de origem de aplicar apenas a "ficta confessio" foi até vantajosa para a reclamada, em vista do entendimento consubstanciado na OJ n. 122 da SDI-1 do C. TST, que autorizaria até a decretação da revelia. Recurso patronal ao qual se nega provimento. (TRT 2ª Região – Acórdão 20080319224 – Juiz rel. Ricardo Artur Costa e Trigueiros – 4ª Turma – Publicado no DOE/SP em 29.4.2008)

Além das pessoas naturais ou físicas, há as pessoas jurídicas, de direito público ou de direito privado, cuja representação está disciplinada em vários incisos do art. 12 do CPC, segundo o qual serão representados em juízo, ativa e passivamente:

1. a União, os Estados, o Distrito Federal e os Territórios, por seus procuradores. A União é representada pela Advocacia Geral da União, os Estados, Distrito Federal e Territórios podem ser representados por qualquer preposto, desde que seja empregado, juntamente com o patrocínio do advogado ou procurador;

2. os Municípios, por seu Prefeito ou por seu procurador;

3. as pessoas jurídicas de Direito Privado, por quem os respectivos estatutos designarem, ou, não os designando, por seus diretores;

4. as sociedades sem personalidade jurídica, pela pessoa a quem couber a administração de seus bens;

5. a pessoa jurídica estrangeira, pelo gerente, representante ou administrador de sua filial, agência ou sucursal aberta ou instalada no Brasil. O "gerente da filial ou agência presume-se autorizado, pela pessoa jurídica estrangeira, a receber a citação inicial para o processo de conhecimento, de execução, cautelar e especial".

Ainda temos outros entes formais descritos no CPC, que apesar de não terem personalidade de pessoa física ou jurídica, podem estar representadas em juízo:

1. a massa falida que é representada em juízo pelo síndico nomeado, ou, muitas vezes, pelo preposto deste, pois a massa falida não detém de empregados, e não é possível ao síndico estar em vários lugares ao mesmo tempo para representar a massa. Isso se dá, porque o falido perde o direito de comerciar e administrar os negócios da massa;

2. a herança jacente ou vacante será representada pelo curador nomeado;

3. o espólio, será representado pelo inventariante nomeado e compromissado (Lei n. 6.858/1980);

4. a massa de bens, decorrente da declaração de insolvência civil do devedor, pelo administrador que for nomeado;

No que tange ao condomínio residencial e comercial, existe norma específica prevista na Lei n. 2.757/1956, não se aplicando, portanto, as regras do CPC (art. 769 da CLT). Assim, a representação dos condomínios em juízo deve recair na pessoa do síndico.

Quando o síndico for pessoa jurídica, ou seja, a própria empresa administradora (§4º do art. 22 da Lei n. 4.591/64), a representação poderá ser feita pelo preposto.

Quanto ao empregador doméstico, a representação pode ser feita tanto pela pessoa que contratou o doméstico, como qualquer pessoa da família, como o marido, o filho, a filha etc., pois o art. 1º da Lei n. 5.589/72 dispõe que o empregado doméstico presta serviços a pessoa ou família.

Quanto ao grupo econômico, entendemos que cada empresa deverá ser representada por preposto individual, não se admitindo preposto único embora haja discordância na doutrina, inclusive pela jurisprudência que vem admitindo um único preposto para o grupo de empresa, veja:

REVELIA – INOCORRÊNCIA – PREPOSTO DE OUTRA EMPRESA COLIGADA – Segundo a melhor exegese do § 2º do art. 843 da CLT, o preposto precisa, necessariamente, ter conhecimento dos fatos e ainda, ser empregado da reclamada. Sendo o preposto empregado de outra empresa do mesmo grupo econômico, não há que se falar em revelia, eis que suas declarações têm o condão de vincular solidariamente todas as empresas coligadas, ainda que estas tenham personalidade jurídicas distintas. (TRT 23[Região R. – AC 4550/96 – (Ac. TP n. 1578/97) – Rel. Juiz José Simioni – DJMT 16.6.1997)

REVELIA – PREPOSTO – GRUPO ECONÔMICO – Empregado de uma das empresas demandadas componentes de grupo econômico pode validamente representar todas em audiência sem se configurar revelia e confissão. (TRT 9ª Região R. RO 7.892/94 – 3ª Turma – Ac. 13990/95 – Juiz rel. João Oreste Dalazen – DJPR 9.6.1995)

2.2.4. Representação por advogado

Apesar de o *jus postulandi* das partes, permanecer em vigor na justiça do trabalho, conforme art. 791 da CLT, o art. 791, § 1º, da mesma norma, faculta ao empregado e empregador fazer-se representar por advogado.

No entanto, nosso entendimento vai de encontro ao que dispõe o art. 133 da Constituição Federal, ao estabelecer que a figura do advogado é indispensável à administração da Justiça.

Neste mesmo sentido, entende Calamandrei, citado por Amauri Mascaro Nascimento, p. 413, cujas palavras são convincentes ao dizer que, do prisma psicológico, a parte, obcecada muito frequentemente pela paixão e pelo ardor da contenda, não tem, via de regra, a serenidade desinteressada que é necessária para captar os pontos essenciais do caso jurídico em que se encontra implicada e expor suas razões de modo tranquilo e ordenado: a presença ao lado da parte, de um patrocinador desapaixonado e sereno que, examinando o caso com a distanciada objetividade do estudioso independente e a perturbação de rancores pessoais, está em condições de selecionar com calma e ponderação os argumentos mais eficazes à finalidade proposta, garantindo à parte uma defesa mais razoável e própria e, portanto, mais persuasiva e eficaz que a que poderia ela mesmo fazer. Do ponto de vista técnico, a importância do patrocínio é paralela à progressiva complicação da leis escritas e à especialização cada vez maior da ciência jurídica.

Para Calamandrei, a presença dos patrocinadores representa, antes de tudo, ao interesse privado da parte, a qual, confiado ao *expert*, não só o ofício de expor suas razões, mas também o de cumprir os atos processuais, escapa dos perigos da própria inexperiência e consegue o duplo fim de não incorrer em erros, de forma a ser mais defendida em sua subsistência e ao interesse público, quando favorece a parte, em que os juízes ao invés de se encontrarem em contato com os defensores técnicos, tivessem de tratar diretamente com os litigantes, desconhecedores do procedimento, incapazes de expor com clareza suas pretensões, perturbados com a paixão ou a timidez.

Se a parte optar por ser representada por advogado, deverá outorgar ao advogado o instrumento de mandato, que é a procuração, pois, sem esta, o advogado não poderá propor a ação ou ingressar nos autos (art. 37, primeira parte).

O mandato pode ser *ad judicia* ou *ad judicia et extra*. O mandato *ad judicia* é o instrumento que habilita o advogado para o foro em geral enquanto que o instrumento *ad judicia et extra* além de conferir poderes para o foro em geral, dá ao advogado poderes para representar as partes também em quaisquer repartições oficiais.

O advogado poderá propor a ação, a fim de evitar a decadência ou prescrição, ou intervir no processo em casos considerados urgentes, mesmo sem procuração, desde que no prazo de 15 dias exiba o instrumento de mandato, sendo permitido prorrogar por mais 15 dias, através de despacho do juiz, sob pena de os atos praticados serem considerados por inexistentes (CPC, art. 37, parágrafo único).

Em decorrência do instrumento de mandato outorgado, que é a procuração, o advogado poderá substabelecer com ou sem reserva de poderes à outro advogado, conforme art. 26 da Lei n. 8.906/94 – Estatuto da OAB.

Antigamente o C. TST exigia o reconhecimento de firma da assinatura do outorgante conforme previa a Súmula n. 270, contudo, com o advento da Lei 8.952/94, tornou-se dispensável tanto para a outorga do instrumento do mandato quanto para o seu substabelecimento.

2.2.5. Estagiário

Apesar do estagiário poder receber procuração em conjunto com advogado, ou por substabelecimento deste, e apesar de aprender na prática a subscrever, sob supervisão de um advogado, petições iniciais, contestações, réplicas, memoriais etc., no processo trabalhista, tais atos não podem ser praticados por ele, pois são atos privativos dos advogados devidamente habilitados.

A Lei n. 8.906/94, que limita sobre os direitos e deveres dos advogados e estagiários, tem proibido a atuação do estagiário em audiência. Apesar de alguns entendimentos contrários sob a participação do estagiário em audiência em decorrência do art. 791, § 1º, da CLT, o entendimento majoritário é de que a lei em epígrafe deve prevalecer por tratar-se de lei federal.

Assim, apesar das limitações, para que o estagiário possa exercer os atos que lhe são autorizados, deve estar munido de sua carteira de habilitação, cuja inscrição é feita diretamente na Ordem dos Advogados do Brasil, correspondente à sua subscrição.

2.2.6. O dever de lealdade, veracidade e boa-fé das partes e de seus procuradores

Antigamente entendia-se que o advogado, como auxiliar da Justiça, tinha o dever de agir com lealdade, porém, o Código de Processo Civil de 1973 inovou esta regra, de que o princípio da lealdade se estenderia também às partes envolvidas na demanda, transformando o dever moral em obrigação legal.

O art, 14 e incisos do CPC, expressam quais são os deveres das partes e de todos aqueles que de qualquer forma participam do processo, principalmente o inciso I e II, que estabelece como um desses deveres a veracidade dos fatos alegados a lealdade e a boa-fé. Assim, as partes envolvidas numa relação jurídica devem agir com probidade.

No texto do NCPC, a expressão é referida em pelo menos três dispositivos distintos, quais sejam: i) art. 5º – como dever de todo e qualquer sujeito do processo; ii) art. 322, §2º – como princípio norteador da interpretação do pedido formulado; e iii) art. 489, §3º – como princípio norteador da interpretação das decisões judiciais.

Dessa forma, verifica-se que a boa-fé objetiva, seus deveres anexos (deveres de respeito, confiança, lealdade, cooperação, honestidade, razoabilidade etc.) e seus conceitos parcelares (*supressio, surrectio, tu quoque, exceptio doli, venire contra factum proprium non potest* e *duty to mitigate the loss*), muito caros aos civilistas (cf. TARTUCE, Flávio. *Manual de Direito Civil*. São Paulo: Método, 2014), ganham importância central também para a Teoria Geral do Processo.

Aplica-se o art. 14 do CPC na justiça do trabalho, em razão da omissão da CLT no que tange ao respeito da ética processual.

Vejamos quais são estes deveres:

Art. 14. São deveres das partes e de todos aqueles que de qualquer forma participam do processo;

I – expor os fatos em juízo conforme a verdade;

II – proceder com lealdade e boa-fé;

III – não formular pretensões, nem alegar defesa, cientes de que são destituídas de fundamento;

IV – não produzir provas, nem praticar atos inúteis ou desnecessários à declaração ou defesa do direito;

V – cumprir com exatidão os provimentos mandamentais e não criar embaraços à efetivação de provimentos judiciais, de natureza antecipatória ou final.

Parágrafo único. Ressalvados os advogados que se sujeitam exclusivamente aos estatutos da OAB, a violação do disposto no inciso V deste artigo constitui ato atentatório ao exercício da jurisdição, podendo o juiz, sem prejuízo das sanções criminais, civis e processuais cabíveis, aplicar ao responsável multa em montante a ser fixado de acordo com a gravidade da conduta e não superior a vinte por cento do valor da causa; não sendo paga no prazo estabelecido, contado do trânsito em julgado da decisão final da causa, a multa será inscrita em dívida ativa da União ou do Estado".

Esclarece-se, no entanto, que a ética processual estabelecida no art. 14, II, do CPC, deve ser observada não apenas pelos sujeitos da lide, quais sejam as partes, como também pelos sujeitos do processo que são os juízes, advogado, membro do Ministério Público, peritos, testemunhas, servidores públicos entre outros.

Assim, não podem as partes alegar fatos que conscientemente sabem que não existiram ou existem; não podem agir de forma maliciosa ou dolosa com intuito de prejudicar a celeridade processual; não deve a parte ou seu procurador procrastinar o andamento processual, apoiando-se em teses que não tem sustentação jurídica, como no caso de interposição de Embargos Declaratórios meramente protelatórios; não deve valer-se de provas imprestáveis ao esclarecimento dos fatos controvertidos e ainda, devem as partes e seus procuradores cumprir imediatamente as decisões judiciais, as liminares de tutelas antecipadas concedidas etc.

O art. 15 do mesmo diploma legal restringe às partes e aos seus advogados, outro dever processual: "é defeso às partes e seus advogados empregar expressões injuriosas nos escritos apresentados no processo, cabendo ao juiz, de ofício ou a requerimento do ofendido, mandar riscá-las". Parágrafo único: "Quando as expressões injuriosas forem proferidas em defesa oral, o juiz advertirá o advogado que não as use, sob pena de lhe ser cassada a palavra".

2.2.7. Litigância de má-fé

Os deveres das partes e de todas as pessoas que de qualquer forma participam do processo estão previstos no art. 14 do CPC, ressaltando que o principal desses deveres é o de que as partes procedam no processo com lealdade e boa-fé.

Porém, o Código de Processo Civil de 1973 apesar de estabelecer quais são os direitos e deveres das partes e de seus procuradores, impôs penalidade àquele que descumprisse a norma agindo de má-fé.

Esta penalidade está prevista no art. 793-C e seguintes da CLT.

Quanto aos honorários advocatícios, serão pagos quando cabíveis no processo do trabalho, de acordo com o art. 16 da Lei n. 5.584/70.

Dessa forma, conforme citado no tópico anterior, o dever de lealdade e boa-fé deixou de ser uma questão de ética e moral, para tornar-se uma obrigação legal sob pena de multa pelo descumprimento da lei.

Outrossim, a pena pela litigância de má-fé é atribuída à parte e não ao seu advogado, conforme se verifica no art. 16 do CPC. Assim, o juiz não poderá condenar solidariamente a parte e seu advogado, pois a penalidade é dada apenas quanto à parte e os terceiros intervenientes no processo e não seus procuradores.

A multa por litigância de má-fé não poderá exceder a 1%, contudo, poderá ser inferior a esse percentual, principalmente nos casos em que o valor da causa for muito alto, que acaba tornando inócua a pena, pela impossibilidade do litigante de má-fé pagá-la. A redução do percentual é arbitrada de acordo com o livre arbítrio do juiz.

Não é permitido que o empregado, por ser beneficiário da gratuidade processual, seja isento do pagamento da multa de 1%, pois a assistência judiciária gratuita prevista na Lei n. 1.060/50 abrange os honorários de advogado e não as penas de natureza processual.

Esclarece-se, que mesmo aqueles que tiverem ganho de causa, poderão ser condenados como litigantes de má-fé, pois esta penalidade não decorre da sucumbência.

Ainda será considerada litigância de má-fé, nos termos da Lei n. 9.800/99 a parte que apresentar *fac-símile* e o original não estiver em perfeita concordância com a peça apresentada.

Concordamos com a posição de Wagner Giglio, p. 141, por entender que para caracterizar a deslealdade processual não basta a apuração do componente *material*, arrolado no supratranscrito no CPC, sendo imprescindível a caracterização da intenção fraudulenta. Assim, somente a pretensão ou defesa deduzida *conscientemente* contra texto expresso de lei configurará a hipótese; e apenas a alteração *proposital* da verdade dos fatos e a utilização do processo com a finalidade de alcançar objetivo *sabidamente* ilegal caracterizarão a deslealdade do agente.

A respeito da litigância de má-fé na justiça do trabalho, colhe-se alguns julgados:

(...) LITIGÂNCIA DE MÁ-FÉ. CONFIGURAÇÃO. EFEITOS. Tendo havido alteração da verdade dos fatos praticada pelo autor, com o objetivo exclusivo de obter a prestação jurisdicional em seu proveito, correta a aplicação, pelo Juízo de origem, das penalidades relativas à litigância de má-fé, por força do que dispõem os arts. 17, II, e 18 do CPC. (TRT 12ª Região – Proc. RO 02615-2007-009-12-00-7 – 3ª Turma – Juiz Gerson P. Taboada Conrado – Publicado no TRTSC/DOE em 19.11.2008)

LITIGÂNCIA DE MÁ-FÉ. EMBARGOS DE DECLARAÇÃO. INCIDENTE INFUNDADO. Demonstrado que o embargante, ao menos em parte, opôs embargos de declaração despropositados, levantando omissão sobre argumento sequer existente nos autos, resta caracterizada a litigância de má-fé, cabendo-lhe ser aplicada a respectiva penalidade. (TRT 12ª Região – ED 00615-2007-043-12-00-3 – 2ª Turma – Juíza Sandra Marcia Wambier – Publicado no TRTSC/DOE em 25.9.2008)

PROCESSO. CONTEÚDO ÉTICO. ALTERAÇÃO DA VERDADE DOS FATOS. LITIGÂNCIA DE MÁ-FÉ. EFEITOS. De inalienável conteúdo ético, o processo é o instrumento pelo qual o Estado-Juiz soluciona os conflitos intersubjetivos dos cidadãos. Logo, cabe às partes litigantes obrar com lealdade e probidade no transcorrer da instrução processual. A inobservância desses postulados afeta a simplificação e a celeridade processuais, desrespeita o Estado-Juiz, malfere os princípios da igualdade das partes (art. 125, inc. I, CPC), da duração razoável do processo (art. 5º, inc. LXXVIII, CF) e da solidariedade social, desaguando na já tão combalida confiabilidade do cidadão na Justiça e no sistema judicial brasileiro. Com efeito, à parte ou às partes que se desviam desse norte, incorrendo em qualquer dos casos elencados nos incisos do art. 17 do CPC (aplicação subsidiária – art. 769/CLT), devem ser aplicadas as cominações previstas no art. 18 do CPC. (TRT 12ª Região – RO 00902-2008-005-12-00- 8– 2ª Turma – Juiz Narbal A. Mendonça Fileti – Publicado no TRTSC/DOE em 19.9.2008)

LITIGÂNCIA DE MÁ-FÉ. CARACTERIZAÇÃO. ABUSO DO DIREITO DE DEMANDAR. IMPOSIÇÃO DE MULTA. A situação exposta nos autos configura as hipóteses previstas no CPC, sendo justa a aplicação de penalidade decorrente de litigância de má-fé. O manejo incauto da prática de atos processuais, sem fundamento plausível para tanto, importa o transbordamento dos limites do exercício do legítimo direito. (TRT 12ª Região – AIAP 02176-2006-001-12-01-3 – 1ª Turma – Juíza Águeda M. L. Pereira – Publicado no TRTSC/DOE em 29.7.2008)

AGRAVO DE PETIÇÃO EM EMBARGOS DE TERCEIRO. LITIGÂNCIA DE MÁ-FÉ. Evidenciada nos autos, a intenção manifestamente protelatória na interposição do recurso, com intento de prolongar o desenvolvimento da execução, revela propósito ilícito do recorrente a ensejar a condenação pela litigância de má-fé, nos termos do art. 17, inciso VII, do CPC, devendo arcar com a multa de 1% sobre o valor da causa, em benefício do exequente. Agravo de Petição não provido. (TRT 2ª Região – Acórdão 20080929014 – 12ª Turma – Juiz rel. Davi Furtado Meirelles – Publicado no DOE/SP em 24.10.2008)

LITIGÂNCIA DE MÁ-FÉ. MULTA APLICADA DE OFÍCIO. O direito de defesa e de valer-se da instância recursal não é atividade arbitrária ou de uso por mero capricho, já que pressupõe uma conduta ética e útil à segurança do próprio interesse, sem corresponder a artifício para protelar a efetividade da sanção objeto do decreto condenatório. No caso dos autos, a agravante incorreu na censura do inciso VII, do art. 17 do CPC, apresentando agravo de petição com intuito manifestamente protelatório. De ofício, fica a executada condenada a pagar ao exequente indenização no importe de 20% sobre o valor da dívida. (TRT 2ª Região – Acórdão 20080906448 – 2ª Turma – Juíza relª. Odette Silveira Moraes – Publicado no DOE/SP em 21.10.2008)

Conforme aduz Sérgio Pinto Martins, p. 207, os honorários advocatícios serão devidos pelo litigante de má-fé, inclusive o empregado, salvo se este gozar dos benefícios da justiça gratuita. A sentença é que irá fixar os referidos honorários, que serão arbitrados pelo juiz até 20% sobre o valor da condenação, sendo inaplicável o limite de 15%, previsto na Lei n. 1.060/50 (Lei de assistência judiciária), pois a hipótese específica é a regulada no art. 20 do CPC. Gozando o empregado dos benefícios da justiça gratuita e modificada essa situação, a parte contrária poderá requerer, em qualquer fase da lide, a revogação dos benefícios da assistência judiciária, provando a inexistência ou o desaparecimento dos requisitos essenciais à sua concessão (art. 7º da Lei n. 1.060/50). É o que ocorreria caso o empregado ganhasse valor considerável na própria ação, podendo pagar a penalidade a que foi condenado pela litigância de má-fé.

2.2.8. *Mandato tácito* e **apud acta**

Já vimos que as partes possuem o *jus postulandi* previsto no art. 791 da CLT, plenamente em vigor na justiça do trabalho e ainda, que o art. 791, § 1º, da mesma norma, faculta ao empregado e empregador fazer-se representar por advogado.

Vimos também, que sendo as partes representadas por advogado, estas devem conferir-lhes poderes de atuação em seus nomes, atreves de mandato, que pode ser *ad judicia* que é o instrumento que habilita o advogado para atuar no foro em geral ou *ad judicia et extra* que, além de conferir poderes para o foro em geral, dá ao advogado poderes para representar as partes também em quaisquer repartições oficiais.

Entretanto, tem sido admitido na justiça do trabalho o mandato tácito e *apud acta*.

Sérgio Pinto Martins, *Direito processual do trabalho*, p. 200, esclarece que a origem do mandato tácito encontra-se no Direito Romano, em que havia o *"manu datum"*, em que as partes contratantes davam-se as mãos e apertavam-nas, evidenciando a concessão e a aceitação do mandato. Era a formalização, a aceitação e a promessa de fidelidade no cumprimento da incumbência.

O mandato tácito ocorre comparecimento da parte em audiência acompanhado de seu advogado, sem procuração, presumindo-se que foi outorgada procuração tácita ao advogado pelo cliente. Entretanto, se outra pessoa diversa daquela que detém o mandato tácito, praticar atos no processo, estes serão considerados como inexistentes.

O mandato tácito tem previsão legal na Súmula n. 164 do Colendo Tribunal Superior do Trabalho que expressa:

> Súmula 164. PROCURAÇÃO – JUNTADA – NOVA REDAÇÃO. O não cumprimento das determinações dos §§ 1º e 2º do art. 5º da Lei n. 8.906, de 4.7.1994 e do art. 37, parágrafo único, do Código de Processo Civil importa o não reconhecimento de recurso, por inexistente, exceto na hipótese de mandato tácito.

Todavia, o mandato tácito só alcança os poderes para o for em geral chamados de *ad judicia*, pois os poderes especiais referidos no art. 38 do CPC dever ser outorgados mediante mandato expresso.

No mandato expresso, a parte deverá indicar os poderes que concede ao procurador, ou seja, se ele pode receber a citação inicial, reconhecer a procedência do pedido, desistir, renunciar, receber e dar quitação de débito, firmar compromisso etc.

Atualmente não mais se exige o reconhecimento de firma da assinatura do outorgante na procuração *ad juditia*, pois a redação dada pela Lei n. 8.952/94 ao art. 38 do CPC eliminou essa exigência.

Renato Saraiva, p. 229, entende que as expressões mandato tácito e *apud acta* não se confundem, pois, para o doutrinador o mandato tácito é formado em função do comparecimento do causídico à audiência, representando qualquer das partes e praticando atos processuais, constando seu nome na ata de audiência. A procuração apud acta é conferida pelo juiz em audiência, mediante ato formal, solene, devidamente registrado na ata de audiência.

Renato Saraiva, ainda menciona mesma posição trazida pelo C. Tribunal Superior do Trabalho ao editar a seguinte jurisprudência, *in verbis*:

> MANDATO TÁCITO – PROCURAÇÃO *APUD ACTA* – CARACTERIZAÇÃO – O mandato tácito previsto no Enunciado n. 164 do TST configura-se validamente com o comparecimento do advogado da parte em audiência, juntamente com ela ou com seu representante legal, sendo desnecessário, quando o empregador estiver representado por preposto, que este, além do credenciamento usual, tenha recebido poderes especiais para outorgar procuração a advogado. O mandato tácito, outrossim, não se confunde com o mandato *apud acta*, que se constitui em juízo de forma solene. Recurso de Revista provido. (TST – 3ª T. – RR 276027/1996 – Rel. Min. Manoel Mendes de Freitas – DJU 27.2.1998, p. 00129)

Destacamos, ainda, outros entendimentos do C. TST e alguns Tribunais Regionais no que tange a mandato, substabelecimento e procuração:

> **Súmula n. 383.** MANDATO. ARTS. 13 E 37 DO CPC. FASE RECURSAL. INAPLICABILIDADE (conversão das Orientações Jurisprudenciais ns. 149 e 311 da SB-DI-1) – Res. n. 129/2005, DJ 20, 22 e 25.4.2005
>
> I – É inadmissível, em instância recursal, o oferecimento tardio de procuração, nos termos do art. 37 do CPC, ainda que mediante protesto por posterior juntada, já que a interposição de recurso não pode ser reputada ato urgente. (ex-OJ n. 311 da SBDI-1 – DJ 11.8.2003)
>
> II – Inadmissível na fase recursal a regularização da representação processual, na forma do art. 13 do CPC, cuja aplicação se restringe ao Juízo de 1º grau. (ex-OJ n. 149 da SBDI-1 – inserida em 27.11.1998)
>
> **Súmula n. 395.** MANDATO E SUBSTABELECIMENTO. CONDIÇÕES DE VALIDADE (conversão das Orientações Jurisprudenciais ns. 108, 312, 313 e 330 da SB-DI-1) – Res. n. 129/2005, DJ 20, 22 e 25.4.2005
>
> I – Válido é o instrumento de mandato com prazo determinado que contém cláusula estabelecendo a prevalência dos poderes para atuar até o final da demanda. (ex-OJ n. 312 da SBDI-1 – DJ 11.8.2003)
>
> II – Diante da existência de previsão, no mandato, fixando termo para sua juntada, o instrumento de mandato só tem validade se anexado ao processo dentro do aludido prazo. (ex-OJ n. 313 da SBDI-1 – DJ 11.8.2003)
>
> III – São válidos os atos praticados pelo substabelecido, ainda que não haja, no mandato, poderes expressos para substabelecer (art. 667, e parágrafos, do Código Civil de 2002). (ex-OJ n. 108 da SBDI-1 – inserida em 1º.10.1997)
>
> IV – Configura-se a irregularidade de representação se o substabelecimento é anterior à outorga passada ao substabelecente. (ex-OJ n. 330 da SBDI-1 – DJ 9.12.2003)
>
> **OJ da SBDI-1 n. 286.** AGRAVO DE INSTRUMENTO. TRASLADO. MANDATO TÁCITO. ATA DE AUDIÊNCIA. CONFIGURAÇÃO (DJ 11.8.2003)
>
> A juntada da ata de audiência, em que está consignada a presença do advogado do agravado, desde que não estivesse atuando com mandato expresso, torna dispensável a procuração deste, porque demonstrada a existência de mandato tácito.

RECURSO. IRREGULARIDADE DE REPRESENTAÇÃO. ADVOGADO SEM PROCURAÇÃO NOS AUTOS. COMPARECIMENTO EM UMA AUDIÊNCIA. MANDATO TÁCITO. Embora o advogado que subscreve o recurso não tenha procuração nos autos, o fato de ter acompanhado o réu em uma das audiências configura o mandato tácito e afasta a irregularidade de representação. (TRT 12ª Região – 3ª Turma – RO 01552-2006-054-12-00-5 – Juíza Gisele P. Alexandrino – Publicado no TRTSC/DOE em 20.11.2008)

IRREGULARIDADE DE REPRESENTAÇÃO. A representação da parte em juízo por advogado exige legitimação processual corporificada em mandato regular, salvo na hipótese de mandato tácito – definido como a aceitação, pela parte, dos atos praticados em seu nome e em sua presença pelo advogado que a acompanha em audiência. A ausência de procuração nos autos outorgando poderes ad judicia ao advogado subscritor da peça recursal e a não configuração do mandato tácito implicam o não conhecimento do recurso, por inexistente (Súmula n. 164 do TST). (TRT 12ª Região – 3ª Turma – RO 00593-2006-042-12-00-4 – Juiz Gilmar Cavalieri – Publicado no TRTSC/DOE em 3.9.2008)

Nos termos no art. 45 do CPC, a qualquer tempo poderá o advogado renunciar o mandato, desde que prove que notificou o mandante a fim de que esta possa nomear outro substituto. Durante os dez dias seguintes, o advogado continuará a representar o mandante, se necessário for, para lhe evitar prejuízos.

2.2.9. Substituição processual

É a possibilidade daquele que tem legitimidade processual, ingressar em juízo para postular, em nome próprio, direito de outrem, desde que autorizado por lei.

Sérgio Pinto Martins, p. 211, menciona que Emilio Betti já via no Direito Romano o instituto da substituição processual, como, por exemplo, no cognitor, no procurador, no defensor, no tutor e no curador.

Cita, ainda que, Kohler foi um dos primeiros juristas a estudar os casos em que alguém ingressava em juízo para postular, em nome próprio, direito alheio, nas hipóteses previstas na lei.

O art. 6º do CPC expressa: "Ninguém poderá pleitear, em nome próprio, direito alheio, salvo quando autorizado por lei".

Assim, em algumas situações extraordinárias a lei permite que a parte seja substituída por outra pessoa que figure no processo em nome próprio, porém, defendendo direito alheio.

Portanto, para Nelson Nery Junior, *Código de Processo Civil comentado*, p. 388, dá-se, pois, a legitimação extraordinária quando aquele que tem legitimidade para estar no processo como parte não é o mesmo que se diz titular do direito material discutido em juízo.

A substituição processual, portanto, conforme muito bem esclarecido por Renato Saraiva, p. 235, confere à parte legitimidade extraordinária, podendo o substituto praticar todos os atos processuais, como a apresentação da petição inicial, da defesa, produção de provas, interposição de recursos etc., não lhe sendo dado, contudo, o direito de transigir, renunciar ou de reconhecer o pedido, uma vez que o direito material não lhe pertence, e sim ao sujeito da lide, ao substituído.

Antes da Constituição Federal de 1988 a substituição processual pelo sindicato era restrita à hipóteses previstas no ordenamento jurídico vigente, tais como aquelas descritas no art. 195, § 2º, art. 872, parágrafo único, ambos da CLT e Leis ns. 6.708/1979, art. 3ª, § 2º, e 7.238/1984, art. 3º, § 2º, todos especificamente prevendo a interposição de reclamações trabalhistas promovidas pelo sindicato profissional postulando direito dos substituídos.

Com a promulgação do art. 8, III da CF/88 que previu caber ao sindicato a defesa dos direitos e interesses coletivos ou individuais da categoria, inclusive em questões judiciais e administrativas, surgiu-se grande divisão doutrinária, sendo que a primeira entende que o texto legal, consagra de forma ampla e irrestrita a substituição aos sindicatos, e a segunda vê nele simples reprodução do art. 513, a, da CLT, ou seja, uma interpretação restritiva à substituição pelo ente sindical, com o que a substituição processual continuaria a depender de expressa previsão na lei.

Entretanto, antes de chegarem ao consenso, o legislador editou novos textos legais regulamentando a substituição processual, quais sejam, a Lei n. 7.788/1989 que autorizava as entidades sindicais a atuar como substitutos processuais da categoria, não tendo eficácia a desistência, a renúncia e transação individuais, que foi inteiramente revogada pelo art. 14 da Lei n. 8.030/90, Lei n. 8.036/90 que autorizava o sindicato profissional a ajuizar reclamação trabalhista acionando diretamente a empresa, para compeli-la a efetuar o depósito das importâncias devidas a título de FGTS em autêntica hipótese de substituição processual, e Lei n. 8.073/90 que não versa sobre matéria alguma, estabelecendo em seu art. 3º, que as entidades sindicais poderão atuar como substitutos processuais dos integrantes da categoria.

O Tribunal Superior do Trabalho adotava o posicionamento da segunda corrente, porém, em sentido oposto o Supremo Tribunal Federal, vem decidindo que o art. 8ª, III, da CF confere às entidade sindicais legitimação extraordinária para agir em nome próprio na tutela dos interesses dos integrantes da categoria que representam, tanto nas ações de conhecimento como na liquidação e nas execuções as sentenças trabalhistas.

Neste sentido, colacionamos dois julgados do Excelso STF:

EMENTA: AGRAVO REGIMENTAL NO RECURSO EXTRAORDINÁRIO. TRABALHISTA. MATÉRIA PROCESSUAL. OFENSA INDIRETA. SINDICATO. ART. 8º, III, DA CB/88. PRECEDENTE DO PLENÁRIO. 1. Prevalece neste Tribunal o entendimento de que a interpretação da lei processual na aferição dos requisitos de admissibilidade dos recursos trabalhistas tem natureza infraconstitucional. Eventual ofensa à Constituição só ocorreria de forma indireta. 2. A jurisprudência deste Tribunal fixou-se no sentido de que o preceito inscrito no inciso III do art. 8º da Constituição do Brasil assegura a ampla legitimidade ativa ad causam dos sindicatos como substitutos processuais das categorias que representam. Precedentes. Agravo regimental a que se nega provimento. (STF RE-AgR 591533 / DF – DISTRITO FEDERAL – Rel. Min. Eros Grau Órgão Julgador: Segunda Turma – Publicado no DJ em 24.10.2008)

EMENTA: PROCESSO CIVIL. SINDICATO. ART. 8º, III DA CONSTITUIÇÃO FEDERAL. LEGITIMIDADE. SUBSTITUIÇÃO PROCESSUAL. DEFESA DE DIREITOS E INTERESSES COLETIVOS OU INDIVIDUAIS. RECURSO CONHECIDO E PROVIDO. O art. 8º, III da Constituição Federal estabelece a legitimidade extraordinária dos sindicatos para defender em juízo os direitos e interesses coletivos ou individuais dos integrantes da categoria que representam. Essa legitimidade extraordinária é ampla, abrangendo a liquidação e a execução dos créditos reconhecidos aos trabalhadores. Por se tratar de típica hipótese de substituição processual, é desnecessária qualquer autorização dos substituídos. Recurso conhecido e provido. (STF RE 210029/ RS – Rio Grande do Sul – Recurso Extraordinário – Rel. Min. Carlos Velloso – Órgão Julgador Tribunal Pleno – Publicado no DJ em 17.8.2007)

O Tribunal Superior do Trabalho, curvando-se ao posicionamento do Excelso STF, por meio da Resolução n. 119/2003 (DJ 1º.10.2003), cancelou o antigo Enunciado 310, que impedia a substituição processual ampla e irrestrita pelos entes sindicais, não mais havendo, portanto, a necessidade de arrolar na petição inicial os substituídos, conforme exigia-se.

A partir disso o TST editou a Orientação Jurisprudencial n. 121, da SDI-I, com redação dada pela Res. n. 129/2005, DJ 20.4.2005 que reconhece:

OJ SDI-I n. 121 SUBSTITUIÇÃO PROCESSUAL. DIFERENÇA DO ADICIONAL DE INSALUBRIDADE. LEGITIMIDADE (nova redação) – DJ 20.04.2005. O sindicato tem legitimidade para atuar na qualidade de substituto processual para pleitear diferença de adicional de insalubridade.

Histórico:

Redação original – Inserida em 20.11.1997

121. Substituição processual. Diferença do adicional de insalubridade. Legitimidade. O sindicato, com base no § 2º, do art. 195 da CLT, tem legitimidade para atuar na qualidade de substituto processual para pleitear diferença de adicional de insalubridade.

O TST também vem admitindo a substituição processual passiva quando o sindicato figura como réu, na ação rescisória proposta em face de decisão proferida em processo no qual tenha atuado, nessa qualidade, no polo ativo da demanda originária, conforme prescreve a Súmula n. 406 do TST, *in verbis*:

Súmula n. 406 AÇÃO RESCISÓRIA. LITISCONSÓRCIO. NECESSÁRIO NO POLO PASSIVO E FACULTATIVO NO ATIVO. INEXISTENTE QUANTO AOS SUBSTITUÍDOS PELO SINDICATO (conversão das Orientações Jurisprudenciais ns. 82 e 110 da SBDI-2) – Res. n. 137/2005, DJ 22, 23 e 24.8.2005

(...)

II – O Sindicato, substituto processual e autor da reclamação trabalhista, em cujos autos fora proferida a decisão rescindenda, possui legitimidade para figurar como réu na ação rescisória, sendo descabida a exigência de citação de todos os empregados substituídos, porquanto inexistente litisconsórcio passivo necessário. (ex-OJ n. 110 da SBDI-2 – DJ 29.4.2003)

Além disso, na substituição processual do Direito Civil o substituto satisfaz seu interesse por meio da satisfação do direito do substituído, seja ele credor original ou o marido, o condômino, o acionista etc.

Ao passo que na substituição trabalhista o sindicato não atua em defesa de direito público, mas defende o interesse privado dos integrantes da categoria que representa; não cria vinculação jurídica resultante do direito discutido entre o sindicato e os membros da categoria; não satisfaz interesse próprio, mas apenas cumpre sua missão precípua de defender os interesses e direitos dos integrantes da categoria e principalmente porque ao contrário do que ocorre no processo comum, a substituição, no processo trabalhista, é concorrente e primária, ou seja, características novas e próprias que só são encontradas no processo do trabalho.

Considera-se como principal característica na substituição trabalhista a despersonalização do trabalhador-reclamante, evitando-se o atrito que pode ocorrer entre empregado e empregador, mormente quando o primeiro ainda está trabalhando na empresa, como nos casos em que o empregado pleiteia na justiça o pagamento, pela empresa, do adicional de insalubridade ou periculosidade a que considera estar exposto.

Sérgio Pinto Martins, p. 217, *Direito processual do trabalho*, 2008, pg. 121, destaca que a substituição processual tem três características, pois considera que ela é autônoma, concorrente e primária.

Autônoma, porque o substituído por ser titular do direito material pode integrar a lide como assistente litisconsorcial, desistir da ação, transacionar e renunciar ao direito, independentemente da anuência do sindicato.

O art. 50 do CPC confere ao substituído direito de intervir no processo como assistente do substituto, pois tem interesse jurídico e não meramente econômico na causa, porém como não é parte, não poderá praticar atos processuais.

O substituído pode desistir da ação antes de a sentença transitar em julgado. Depois dessa fase deverá desistir ou renunciar ao direito à execução do julgado.

Concorrente, porque não é exclusiva, nada impedindo o substituto de ser parte, ajuizando a ação, ou de assumir o polo ativo da ação como assistente litisconsorcial.

Primária, porque o substituto não precisa aguardar a inércia do substituído em propor a ação.

É importante esclarecer que não caberá utilização da substituição processual para questões que versem prova individual para cada substituído, como exemplo a questão de horas extras, tampouco é necessário a juntada de procuração de casa substituído conforme art. 72, parágrafo único, da CLT, pois, havendo juntada de procuração dos substituídos, existirá representação e não substituição processual. Se o sindicato atuar em juízo por advogado, este deverá ter procuração do sindicato.

O sindicato será obrigado a convocar assembleia para ajuizar a ação como substituto processual, pois os pronunciamentos sobre dissídios do trabalho dependem de assembleia geral. Entretanto, o sindicato não precisa avisar o empregado de que a ação está sendo proposta, pois a lei não exige o referido requisito.

2.3. Sucessão processual

A sucessão processual poderá ocorrer por ato inter vivos ou causa mortis, em relação a pessoas físicas ou jurídicas. No caso do empregado ou empregador que falecer, seus direitos e deveres trabalhistas são transferidos ao sucessor, que é o inventariante do espólio, enquanto que no caso de pessoa jurídica, ocorre o que chamamos de "sucessão de empresas".

A sucessão processual ocorrerá no curso da ação, pois, se o empregado falecer antes do ajuizamento da ação, por exemplo, não haverá sucessão processual, mas propositura da ação diretamente pelos sucessores.

Em tese, o espólio, por meio do inventariante nomeado pelo juiz, assumirá o polo ativo ou passivo da ação. Contudo, conforme ensinamentos de Sérgio Pinto Martins, p. 211, normalmente, se o empregado não deixa bens ou tem filhos maiores não há porque se falar em inventário. Nesses casos, tem-se entendido que a viúva e os filhos ingressarão no polo ativo da ação em curso, mediante apresentação da certidão de casamento e nascimento dos filhos ou por meio de certidão do INSS que comprove dependência das pessoas anteriormente mencionadas. Não havendo qualquer impugnação da reclamada, o fato é tolerado.

Neste mesmo sentido dispõe a jurisprudência do Egrégio Tribunal Regional do Trabalho da 2ª região, *in verbis*:

> MORTE DO EMPREGADO-RECLAMANTE. SUCESSÃO PROCESSUAL. APLICAÇÃO DA LEI N. 6.830/80. VALIDADE DO ACORDO CELEBRADO. A sucessão "causa mortis" do reclamante é regida pela Lei n. 6.830/80, sendo devidas as verbas trabalhistas aos dependentes habilitados perante a Previdência Social, eis que nenhuma distinção se verifica no art. 1º da lei supramencionada. Aplica-se, ainda, o disposto nos arts. 662 e 689 do Código Civil, quanto à possibilidade de ratificação do acordo celebrado posteriormente ao óbito quando o advogado não tem conhecimento deste fato. (TRT 2ª Região – Acórdão 20070846469 – 12ª Turma – Juiz rel. Adalberto Martins – publicado no DOE/SP em 19.10.2007)

> REPRESENTAÇÃO PROCESSUAL. MORTE DO RECLAMANTE. O escopo teleológico do legislador, ao formular o art. 265, § 1º, alínea "b", do Código de Processo Civil" é a aproveitabilidade dos atos praticados diante do infortúnio incontornável que é o óbito da parte. Assim, ocorrido o falecimento do autor quando já iniciada a fase de instrução, o feito prosseguirá até a prolação e publicação da sentença, oportunidade em que será permitida aos sucessores a regularização da representação. (TRT 2ª Região – Acórdão 20040705581 – 4ª Turma – Juiz rel. Paulo Augusto Câmara – publicado no DOE/SP em 14.1.2005)

Assim, como esclarece Carlos Henrique Bezerra Leite, p. 424, tratando-se de "pequenas heranças", a Lei n. 6.858/80, permite que os "dependentes econômicos" do empregado falecido possam receber, por meio de alvará judicial, as suas respectivas cotas de salários, saldos salariais, férias, décimo terceiro salário, FGTS etc., relativas ao extinto contrato de trabalho, independentemente de inventário ou arrolamento. São dependentes perante essa modalidade de sucessão processual os beneficiários do *de cujus* perante a Previdência Social (art. 16 da Lei n. 8.213/91).

Todavia, se houver necessidade de inventário, em face da existência de bens do falecido ou de filhos menores, o processo laboral deverá ser suspenso até a nomeação de inventariante e só após sua habilitação incidente nos autos, é que o processo volta ao seu curso normal conforme arts. 265, I, 1.055 e 1.062 todos do Código de Processo Civil.

Em relação à empresa, não é necessário que se aguarde inventário de seus proprietários, pois, o empregador além de poder ser substituído por qualquer preposto, a lei assegura os direitos dos trabalhadores conforme arts. 10, 10-A e 448 da CLT:

> Art. 10. Qualquer alteração na estrutura jurídica da empresa não afetará os direitos adquiridos por seus empregados.

> Art. 10-A. O sócio retirante responde subsidiariamente pelas obrigações trabalhistas da sociedade relativas ao período em que figurou como sócio, somente em ações ajuizadas até dois anos depois de averbada a modificação do contrato, observada a seguinte ordem de preferência:

I – a empresa devedora;

II – os sócios atuais; e

III – os sócios retirantes.

Parágrafo único. O sócio retirante responderá solidariamente com os demais quando ficar comprovada fraude na alteração societária decorrente da modificação do contrato.

Art. 448. A mudança na propriedade ou na estrutura jurídica da empresa não afetará os contratos de trabalho dos respectivos empregados.

Logo, no caso acima, não há que se falar em sucessão, entretanto, se o empregador for pessoa física, haverá necessidade de se constatar a sucessão por meio de inventário.

Outra questão é a chamada despersonalização do proprietário da empresa, pois, se a sucessão de empresas ocorrer antes do ajuizamento da ação trabalhista pelo empregado, a empresa sucessora será legitimada passiva para a lide, porém, se a sucessão ocorrer no curso do processo, a empresa sucessora será integralmente responsável pelos débitos trabalhistas, pois, os contratos de trabalho vinculam-se à empresa e não ao seu pro proprietário.

Frise-se que o art. 483, § 2º, da CLT estabelece que em caso de morte do empregador, não implica necessariamente a extinção do contrato de trabalho, pois, é facultado ao empregado permanecer no emprego ou rescindir o contrato, tendo em vista que a atividade econômica pode continuar a ser desenvolvida pelos herdeiros sucessores.

Sobre a cessão de créditos trabalhistas a Corregedoria do C. TST por meio do Provimento n. 6, de 12.12.2000, vedou tal espécie de negócio jurídico entre empregado e terceiro que não figure como sujeito da lide. No entanto, o art. 83, § 4º, da Lei n. 11.101/2005 (nova Lei de Falências) permite a cessão de créditos trabalhistas, apenas alterando que "os créditos trabalhistas cedidos a terceiros serão considerados quirografários". Ademais, esta permissão foi amparada pela EC n. 45/2004, pois ampliou a competência da Justiça do Trabalho, permitindo que a sucessão processual, nos moldes da lei civil de ritos, também seja aplicada nas demandas oriundas das relações de trabalho distintas da relação de emprego.

3

Organização da Justiça do Trabalho

3.1. Organização da Justiça do trabalho — Órgãos da Justiça do Trabalho

O art. 111 da Constituição Federal estabelece que são órgãos da Justiça do Trabalho: o Tribunal Superior do Trabalho, os Tribunais Regionais do Trabalho e os Juízes do Trabalho. Conforme se verifica, a norma constitucional vigente, (revogou as disposições do art. 644 da CLT na parte que se refere a Varas do Trabalho ou Juízos de Direito)

3.1.1. Tribunal Superior do Trabalho

A Justiça do Trabalho, desde 1946 quando passou a integrar o Poder Judiciário, é estruturada da mesma forma com três graus de Jurisdição, sendo certo que desde seu início o Tribunal Superior do Trabalho é o órgão de cúpula da Justiça do Trabalho, com sede em Brasília e jurisdição em todo o território nacional.

A Resolução Administrativa n. 1.295/2008 (RI) subdivide o TST da seguinte forma; Tribunal pleno, órgão especial, Seção especializada de dissídios coletivos, de dissídios individuais e oito tumas.

Composição – O art. 111 da Constituição Federal, com a nova redação que lhe foi dada pela emenda Constitucional 45/2004, estabelece que:

"O Tribunal Superior do Trabalho compor-se-á de vinte e sete Ministros, escolhidos dentre brasileiros com mais de trinta e cinco e menos de sessenta e cinco anos, nomeados pelo Presidente da República após aprovação pela maioria absoluta do Senado Federal, sendo:

I – um quinto dentre advogados com mais de dez anos de efetiva atividade profissional e membros do Ministério Público do Trabalho com mais de dez anos de efetivo exercício, observado o disposto no art. 94;

II – os demais dentre juizes dos Tribunais Regionais do Trabalho, oriundos da magistratura da carreira, indicados pelo próprio Tribunal Superior.

§ 1º A lei disporá sobre a competência do Tribunal Superior do Trabalho.

§ 2º Funcionarão junto ao Tribunal Superior do Trabalho:

I – a Escola Nacional de Formação e Aperfeiçoamento de Magistrados do Trabalho, cabendo-lhe, dentre outras funções, regulamentar os cursos oficiais para o ingresso e promoção na carreira;

II – o Conselho Superior da Justiça do Trabalho, cabendo-lhe exercer, na forma da lei, a supervisão administrativa, orçamentária, financeira e patrimonial da Justiça do Trabalho de primeiro e segundo graus, como órgão central do sistema, cujas decisões terão efeito vinculante."

O Tribunal Superior do Trabalho tem suas normas estabelecidas no seu Regimento Interno que prevê no art. 61 os órgãos que compõem o próprio TST, a saber: Tribunal Pleno, Seção Administrativa, Seção Especializada em Dissídios Coletivos (SEDC), Seção Especializada em Dissídio Individual (SEDI) subdividida em SEDI-1 e SEDI-2, e Turmas.

Integram o Tribunal Superior do Trabalho os juízes da carreira da Justiça do Trabalho, vindos dos Tribunais Regionais do Trabalho, os membros do Ministério Público e os da Advocacia que compõem o quinto constitucional, indicados por lista sextúpla pelos órgãos de representação da respectiva classe, reduzida à três nomes pelo TST e finalmente escolhido pelo Presidente da República.

Tribunal Pleno

O Tribunal Pleno (TP) é constituído pelos Ministros da Corte, não participando das sessões solenes e das sessões ordinárias ou extraordinárias os juízes convocados (art. 64, *caput*).

Seção Administrativa (especial)

A Seção Administrativa (AS) é composta de 7 Ministros, devendo ser integrada pelo Presidente e o Vice Presidente do Tribunal, pelo Corregedor Geral, pelos dois Ministros eleitos pelo Tribunal Pleno. Os Ministros integrantes da Seção Administrativa comporão também outras seções do Tribunal. O *quorum* para funcionamento da seção Administrativa é de 5 Ministros (art. 65, RITST).

Seção Especializada em Dissídios Coletivos

A seção Especializada em Dissídios Coletivos (SDC) é composta de 9 Ministros, devendo ser integrada pelo Presidente do Tribunal, pelo Vice-Presidente, pelo Corregedor-Geral e pelos 6 Ministros mais antigos. Os Ministros do SDC integrarão também outras Seções do Tribunal. O *quorum* para funcionamento é de 6 Ministros (art. 66, RITST).

3.1.2. Tribunais Regionais do Trabalho

Os Tribunais Regionais do Trabalho estão previstos no art. 115 da Constituição Federal, compõem-se de, no mínimo, sete juízes, nomeados pelo Presidente da República entre brasileiros com mais de 30 e menos de 65 anos, recrutados, quando possível, na respectiva região, sendo um quinto entre advogados e membros do Ministério Público do Trabalho e o restante entre juízes do trabalho promovidos por antiguidade e por merecimento

Em relação a fixação do número dos juízes nos Tribunais Regionais, a Constituição Federal, na redação dada pela EC n. 45/2004 ao inciso XIII do art. 93, estabelece que em todo o poder Judiciário, "o número de juízes na unidade jurisdicional será proporcional à efetiva demanda judicial e à respectiva população".

A Emenda Constitucional n. 45/2004, com a finalidade de assegurar o acesso à justiça estabeleceu a criação da **Justiça Itinerante para a realização de audiências e o exercício de outras funções da atividade jurisdicional** nos limites da jurisdição e a descentralização dos Tribunais, constituído em **câmaras regionais** assegurando o acesso dos jurisdicionados em todas as fases do processo, principalmente em locais em que ainda não há tribunais regionais do trabalho, como nos estados do Acre, Tocantins, Amapá etc.

3.1.3. Juízes do Trabalho.

A Constituição Federal no art. 116, com a redação dada pela Emenda Constitucional n. 24/1999, deixou certo que as Varas do Trabalho serão compostas de juiz singular, dispondo:

> Art. 116. A lei criará varas da Justiça do Trabalho, podendo, nas comarcas não abrangidas por sua jurisdição, atribuí-la aos juízes de direito, com recurso para o respectivo Tribunal Regional do Trabalho.

Na estrutura da Justiça do Trabalho, as Varas do Trabalho estão equiparadas hierarquicamente, não existindo distinções. Todas integram a primeira instância.

Ainda em relação aos juízes do trabalho, o Superior Tribunal de Justiça na Súmula n. 10 entende que, instalada a vara do trabalho, cessa a competência do juiz de direito em matéria trabalhista, inclusive para a execução das sentenças por estes proferidas.

O art. 113 da Constituição Federal determina que a lei disporá sobre a constituição, investidura, jurisdição, competência, garantias e condições de exercício dos órgãos da Justiça do Trabalho.

Em consonância com este dispositivo foi editada a Lei n. 10.770/2003 que estabelece que cada Tribunal Regional do Trabalho no âmbito de sua região, mediante ato próprio, pode estabelecer e alterar a jurisdição das varas, bem como transferir-lhes a sede de um município para outro de acordo com a necessidade de agilizar a prestação jurisdicional trabalhista.

A Lei n. 6.947/81 dispõe que a competência da vara do trabalho estende-se aos municípios próximos num raio máximo de 100 quilômetros da sede, desde que existam meios de acesso e de comunicação regulares com os referidos locais.

3.2. Órgãos auxiliares

São órgãos auxiliares as Secretarias, Oficiais de Justiça Avaliador, Distribuidor, Contadoria.

3.2.1. Secretária

Cada vara na Justiça do Trabalho terá uma secretaria, que também existirão nos Tribunais (aos conhecidos "cartórios" judiciais da Justiça Comum na justiça do Trabalho chamam-se "secretarias").

3.2.2. Oficiais de Justiça avaliador

Na justiça do trabalho os oficiais de justiça são chamados oficiais de justiça avaliadores, pois além de citarem para pagamento, fazem a penhora e a avaliação dos bens penhorados. Segundo disposto no art. 721, § 2º, da CLT, o prazo para cumprimento dos mandados é de nove dias e a avaliação deve ser feita no prazo de dez dias (§ 3º do mesmo artigo). Na falta ou impedimento do oficial de justiça avaliador, o juiz da vara poderá atribuir a realização do ato a qualquer serventuário (art. 721, § 5º, da CLT)

3.2.3. Contadoria

Contadoria é o órgão auxiliar da justiça, o qual tem a responsabilidade de efetuar os cálculos aritméticos das causas em geral, do principal e juros das condenações e qualquer cálculo determinado pelo juiz.

Na opinião de Amauri Mascaro Nascimento,[1] o "Tribunal Superior do Trabalho é organizado com base nas seguintes regras: a) divisão dos seus órgãos escalonados para fins jurisdicionais, cumprimento do princípio do duplo grau de jurisdição e divisão do trabalho; b) quatro tipos de competência: originária quando o processo tem início perante o órgão, recursal quando o órgão atua como instância revisora de decisão proferida por órgão anterior, competência em única instância em alguns casos e competência funcional dos seus membros definidas pela lei e pelo Regimento interno; c) composição: togada com o quito constitucional com juízes provenientes das classes de advogados e do Ministério Público do Trabalho, das quais se desligam, passando a integrar a magistratura; d) escolha dos magistrados de carreira entre os juízes dos /tribunais Regionais do /trabalho".

---

(1) NASCIMENTO, Amauri Mascaro. *Curso de Direito Processual do Trabalho*. 20. ed., p. 154.

4

Competência da Justiça do Trabalho

A jurisdição, assim entendido o poder/dever do estado de dizer o direito no caso concreto, é una e indivisível.

A jurisdição atua quanto se tem a violação dos direitos assegurados pelas normas jurídicas (Direito Objetivo)[2] em função de um conflito de interesses, ou seja, pressupõe a aplicação da lei ao caso concreto. O legislador cria o Direito Objetivo, enquanto a jurisdição aplica a norma abstrata ao caso concreto, atuando na pacificação dos conflitos de interesses.

No entanto, a determinação da esfera de atribuição dos órgãos encarregados do exercício da jurisdição chama-se "competência".

4.1. Conceito (competência é a parcela de jurisdição atribuída a cada juiz)

A competência costuma ser analisada sob os seguintes ângulos: competência material, competência em razão de lugar e competência hierárquica ou funcional.

A jurisdição, como expressão do poder estatal, é uma só. Cada juiz ou tribunal é investido da jurisdição. Porém, o seu exercício é distribuído, pelas normas constitucionais e ordinárias, para vários órgãos jurisdicionais. Essa distribuição se faz em função de vários critérios. De acordo com esses critérios, o órgão jurisdicional poderá exercitar a sua jurisdição em função de determinados limites, ou seja, grupo de litígios. Portanto, vamos conceituar competência como a "quantidade de jurisdição cujo exercício é atribuído a cada órgão ou grupo de órgãos".[3]

Oreste Dalazen[4] ensina que Chiovenda agrupou em três os critérios determinantes da competência: objetivo, funcional e territorial. "Pelo critério objetivo, se fixa a competência

---

[2] O Direito, como Direito Objetivo, insere a própria existência da norma jurídica, ou seja, um conjunto de regras gerais e positivas, as quais visam regular a vida social.
[3] Liebman apud CINTRA, Antonio Carlos de Araújo; GRINOVER, Ada Pellegrini; DINAMARCO, Candido Rangel. Teoria geral do processo. 12. ed., p. 230.
[4] DALAZEN, João Oreste. Competência material trabalhista, p. 34.

ou pelo valor da causa (competência por valor), ou da natureza da causa (competência por matéria).

4.2. Competência material

A Competência em razão de matéria é fixada levando em conta o tipo de questão, ou a matéria, que pode ser suscitada aos órgãos da Justiça do Trabalho,e vem definida no art. 114 da Constituição Federal, que assim dispõe:

Art. 114. Compete à Justiça do Trabalho processar e julgar:

I – as ações oriundas da relação de trabalho, abrangidos os entes de direito público externo e da administração pública direta e indireta da União, dos Estados, do Distrito Federal e dos Municípios;

II – as ações que envolvam exercício do direito de greve;

III – as ações sobre representação sindical, entre sindicatos, entre sindicatos e trabalhadores, e entre sindicatos e empregadores;

IV – os mandados de segurança, habeas corpus e hábeas data, quando o ato questionado envolver matéria sujeita à sua jurisdição;

V – os conflitos de competência entre órgãos com jurisdição trabalhista, ressalvado o disposto no art. 102, I, "o";

VI – as ações de indenização por dano moral ou patrimonial, decorrentes da relação de trabalho;

VII – as ações relativas às penalidades administrativas impostas aos empregadores pelos órgãos de fiscalização das relações de trabalho;

VIII – a execução, de ofício, das contribuições sociais previstas no art. 195, I, "a", e II, e seus acréscimos legais, decorrentes das sentenças que proferir;

IX – outras controvérsias decorrentes da relação de trabalho, na forma da lei.

A seguir vamos analisar todas as ações que devem ser processadas e julgadas pela Justiça do Trabalho:

I – As ações Oriundas da Relação de Trabalho, abrangidos os entes de direito público externo e da administração pública direta e indireta da União, dos Estados, do Distrito Federal e dos Municípios;

A competência em razão de matéria foi reformulada inteiramente pela Emenda Constitucional n. 45/2004 trazendo para o âmbito de atuação da justiça do trabalho todas as "ações oriundas da relação de trabalho", expressão muito mais ampla do que relação de emprego.

Relação de Trabalho pode ser conceituada como todo o contrato de atividade em que o prestador do serviço seja pessoa física, abrangendo eventual, autônomo, voluntário, estagiário e também todos os contratos de prestação de serviços regulado pelos arts. 593 a 609 do novo código civil.

Discute-se em doutrina se a competência material da justiça do trabalho abrangeria as ações decorrentes da relação de consumo, uma vez que segundo o código de defesa do consumidor em alguns casos a relação de consumo também pode ter por objeto a prestação pessoal de serviços. A resposta pode ser no sentido de que a ação é proposta pelo prestador de serviços em face do consumidor visando a aplicação de normas do Código de Defesa do Consumidor, trata-se de uma autêntica ação decorrente de relação de consumo e por essa razão escapa da competência da Justiça do Trabalho.

No entanto, se o litígio decorre não da relação de consumo, mas sim dos serviços prestados por pessoa física, em troca de remuneração, por exemplo, o não recebimento pelo prestador de serviços do valor ajustado, a competência será da Justiça do Trabalho.

Ações de servidor da administração pública estatutário

A Emenda Constitucional 45/2004, estendeu a competência da Justiça do trabalho para julgamento das ações envolvendo os entes da administração pública. No entanto, foi concedida liminar em ADIN proposta pela Associação dos Juízes Federais do Brasil suspendendo qualquer interpretação que inclua na competência da Justiça do Trabalho o julgamento de ações entre servidores e o Poder Públicos vinculados à relação jurídica estatutária ou de caráter jurídico administrativo.

Trabalho parassubordinado e a competência material da Justiça do Trabalho

A competência material da Justiça do Trabalho para apreciar e julgar as relações de trabalho subordinado ou relação de emprego é indiscutível. No entanto, atualmente, além do trabalho subordinado, a competência da Justiça do Trabalho também abrange o trabalho parassubordinado, o qual reflete uma posição intermediária entre o trabalho subordinado e o autônomo, com os seguintes traços característicos: continuidade, coordenação e o caráter pessoal na prestação dos serviços.

Doutrina

Arion Sayão Romita[5] ensina "O trabalhador parassubordinado pode ser considerado quase sempre um contratante débil. A debilidade contratual, que constitui uma característica constante nas formas de prestação de serviços parassubordinados, justifica a tentativa de incluir esta modalidade no campo de aplicação do direito do trabalho. A debilidade contratual se configura não somente pela debilidade econômica mas também pela circunstância de que o tomador de serviços tem a possibilidade de anular ou reduzir sensivelmente a liberdade contratual do prestador".

Entre os trabalhadores parassubordinados são elencados, além dos prestadores de trabalho associativo (sociedades em conta de participação, membros de cooperativa de trabalho, o sócio de indústria, membros de empresa familiar), os representantes comerciais, os propagandistas, agentes teatrais, cinematográficos e esportivos, corretores de toda espécie de negócios (como os corretores de imóveis), concessionários de vendas, pequenos empresários (dependentes economicamente de indústrias a que prestam colaboração contínua),

---

(5) ROMITA, Arion Sayão. Competência da Justiça do Trabalho para ações sobre relações de trabalho – Trabalho eventual. In: *Revista Justiça do Trabalho*, ano 22, n. 258, p. 18, jun. 2005.

profissionais liberais (como o advogado que trata de modo contínuo dos interesses de uma pessoa física, o médico de família etc.).

II – Ações Que Envolvam O Exercício Do Direito De Greve – O exercício do direito de greve pode gerar a ocorrência de ações individuais (indenizações por danos causados pelos grevistas) ou coletivas, (dissídio de greve) inclusive possessórias (interditos proibitórios, para a garantia da posse de seus bens imóveis), todas de competência da Justiça do trabalho.

Nessa linha de pensamento, frisamos o entendimento do Prof. Dr. Ricardo Antônio Andreucci, conforme o texto abaixo:

> O termo *"lockout"*, muito em voga nos últimos dias, em razão da paralisação dos serviços de transporte rodoviário promovida por caminhoneiros e/ou donos de empresas, significa a suspensão coletiva de trabalho feita pelos empregadores.

Na CLT o *"lockout"* vem previsto no art. 722, que estabelece sanções administrativas aos "empregadores que, individual ou coletivamente, suspenderem os trabalhos dos seus estabelecimentos, sem prévia autorização do Tribunal competente, ou que violarem, ou se recusarem a cumprir decisão proferida em dissídio coletivo".

Anteriormente à Lei n. 9.842/99, o *"lockout"* era considerado crime pela própria CLT que, no revogado art. 725, previa: "Aquele que, empregado ou empregador, ou mesmo estranho às categorias em conflito, instigar a prática de infrações previstas neste Capítulo ou houver feito cabeça de coligação de empregadores ou de empregados incorrerá na pena de prisão prevista na legislação penal, sem prejuízo das demais sanções cominadas."

Na Lei n. 7.783/89 – Lei de Greve, o *"lockout"* vem previsto no art. 17, que veda "a paralisação das atividades, por iniciativa do empregador, com o objetivo de frustrar negociação ou dificultar o atendimento de reivindicações dos respectivos empregados (*lockout*)".

A antiga Lei de Greve (Lei n. 4.330/64) previa o *"lockout"* como crime, punido com reclusão de 6 (seis) meses a 1 (um) ano e multa, estabelecendo, em seu art. 29, que "além dos previstos no TÍTULO IV da parte Especial do Código Penal, constituem crimes contra a organização do trabalho: I – promover, participar o insuflar greve ou lock-out com desrespeito a esta lei; (...)". O art. 30 da referida lei ainda dispunha: "Art. 30. Aplicam-se, no que couber, as disposições desta lei à paralisação da atividade da empresa por iniciativa do empregador (*lockout*)".

Mas no panorama jurídico atual, o *"lockout"* constitui crime? Entendemos que sim.

Embora com uma conformação um pouco diferente daquela prevista nos diplomas revogados acima indicados, o *"lockout"* vem previsto como crime contra a organização do trabalho, podendo a sua prática, a depender do emprego ou não de violência, configurar os crimes de "paralisação de trabalho, seguida de violência ou perturbação da ordem" ou "paralisação de trabalho de interesse coletivo", previstos, respectivamente, nos arts. 200 e 201 do Código Penal.

Em nossa obra "Direito Penal do Trabalho", publicada pela editora Saraiva, tivemos a oportunidade de analisar a questão do ponto de vista penal e trabalhista, concluindo pela criminalização da conduta consistente em "participar de suspensão coletiva de trabalho", quer seja praticando violência contra pessoa ou contra coisa, quer seja provocando a interrupção de obra pública ou serviço de interesse coletivo.

No primeiro caso, o delito de paralisação de trabalho, seguida de violência ou perturbação da ordem, vem tipificado no art. 200 do Código Penal, tendo como objetividade jurídica a tutela da liberdade de trabalho. A conduta típica se expressa pelo verbo "participar", que significa fazer parte, integrar. A participação, no caso de *"lockout"*, é de suspensão coletiva de trabalho, feita por empregadores. Nesse crime, é mister que haja "violência contra a pessoa ou contra a coisa".

Já o crime de paralisação de trabalho de interesse coletivo vem previsto no art. 201 do Código Penal, tendo como objetividade jurídica a tutela do interesse coletivo. Nesse sentido, o art. 9º, *caput*, da Constituição Federal, assegura o direito de greve, esclarecendo, no § 1º, que caberá à lei ordinária a definição dos serviços e atividades essenciais, dispondo sobre o atendimento das necessidades inadiáveis da comunidade. A especificação dos "serviços essenciais" vem dada no art. 10 da Lei n. 7.783/89 (Lei de Greve), estando previstos como tais, no inciso I, "tratamento e abastecimento de água; produção e distribuição de energia elétrica, gás e combustíveis". A participação em "lockout", para a caracterização desse crime, deve provocar a interrupção de obra pública ou serviço de interesse coletivo.

Finda a paralisação, entretanto, o que se tem assistido é outra conduta criminosa, consistente no atentado contra a liberdade de trabalho, previsto no art. 197 do Código Penal, que tem como objetividade jurídica a tutela da liberdade de trabalho.

Nesse caso, a conduta vem expressa pelo verbo "constranger", que significa obrigar, forçar, coagir, tolher a liberdade. Há caminhoneiros que desejam voltar às suas atividades laborativas normais e que estão sendo impedidos mediante emprego de violência ou grave ameaça.

O crime do art. 197 do Código Penal demanda que o constrangimento deva, necessariamente, ser exercido mediante "violência ou grave ameaça", obrigando o sujeito passivo a "exercer ou não arte, ofício, profissão ou indústria, ou a trabalhar ou não durante certo período ou em determinados dias" (inciso I).

Urge ressaltar, em conclusão, que a competência para o processo e julgamento dos crimes contra a organização do trabalho é da Justiça Federal, por força do disposto no art. 109, VI, da Constituição Federal, salvo nos casos envolvendo ofensa a direito individual, quando, então, a competência será da Justiça Estadual, conforme pacífica orientação dos Tribunais Superiores. Fonte: <http://emporiododireito.com.br/leitura/lockout-e-crime-contra-a-organizacao-do-trabalho>.

III – Ações Sobre Representações Sindicais

Apesar da literalidade do texto constitucional a doutrina e a jurisprudência vêm interpretando que o novo regramento constitucional estabelece a competência da justiça do trabalho para julgar todas as lides intersindicais ou seja:

a) Conflitos Intersindicais Coletivos

Os Conflitos Intersindicais Coletivos também são denominados conflitos de representatividade e envolvem a discussão sobre a legitimidade da representação das categorias econômicas ou profissionais.

b) Conflitos Intersindicais Não Coletivos

Os Conflitos Intersindicais Não Coletivos são aqueles que têm como parte os sindicatos, defendendo um interesse próprio e não interesse da categoria. Exemplo: dissídio de declaração ou não da filiação da entidade sindical a uma Federação.

c) Conflitos Intra-Sindicais ou Conflitos sindicais Internos

Os Conflitos Intra-Sindicais ou Conflitos sindicais Internos são aqueles que surgem na administração da entidade sindical ou entre a entidade sindical e seu associado. Exemplo: Anulação de assembleia, de eleição Sindical etc..

d) Conflitos extra-sindicais

Os Conflitos extra-sindicais são aqueles que surgem entre as entidades sindicais e terceiros. Exemplo: Recusa em inscrever trabalhador para ser sócio do sindicato, e concorrer as eleições de dirigente sindical, recusa na admissão da empresa como sócia do sindicato da categoria econômica etc..

Ainda, conforme disposto no inciso III do art. 114 da Carta Magna verifica-se que o legislador constituinte expressamente atribuiu para a Justiça do Trabalho a competência para julgar as lides "sobre representação sindical, entre sindicatos, entre sindicatos e trabalhadores, e entre sindicatos e empregadores", sendo certo que a interpretação em consonância com a competência geral para as lides oriundas das relações de trabalho revela que toda e qualquer disputa acerca de contribuições sindicais, de qualquer natureza, são mera consequência da representação sindical em sentido amplo, pois inclusive pode ocorrer da recusa da empresa ao pagamento por não reconhecer a entidade sindical como sua representante, o que revela encontra-se dentro dessa matéria (representação sindical) a questão das receitas dos sindicatos.

No que concerne ao rito processual adequado, à luz do disposto na Instrução Normativa n. 27/2005 do TST, pode-se conceber a utilização de rito próprio — caso existente — ou o rito ordinário trabalhista (sumaríssimo dependendo do valor), tudo na fase de conhecimento caso não possua o sindicato patronal título executivo ou documento sem eficácia, pois em caso contrário afigura-se possível ou uso da execução de título executivo extrajudicial ou da ação monitoria respectivamente inclusive no Processo do Trabalho. Por outro lado, caso a parte possua o título executivo preconizado no art. 606 da CLT o rito adequado afigura-se a execução de título executivo extrajudicial; assim, caso possua título sem essa eficácia, a ação é monitória; não possuindo título algum, deve-se utilizar o rito ordinário do processo do trabalho, sendo sumaríssimo dependendo do valor, em fase de conhecimento.

Concluindo, apesar do texto mencionar apenas as ações de representação sindical e sindicatos, deve ser dada uma interpretação extensiva para englobar todas as entidades sindicais, como as questões que envolverem Federações e as Confederações. São exemplos:

ação envolvendo o direito de filiação ou desfiliação, ação anulatória de eleição sindical, ação de cobrança executiva de contribuição sindical, ação consignatória de contribuição sindical quando há disputa de representação entre dois sindicatos.

IV – Mandado de Segurança, *Habeas Corpus* e *Habeas Data*

Uma das grandes inovações é a possibilidade de impetração perante as Varas da Justiça do Trabalho (órgão de primeira instância) quando o ato questionado envolver matéria sujeita a sua jurisdição, por exemplo, quando a autoridade coatora for auditor do trabalho ou Membro do Ministério Público do Trabalho.

Afirmada, também, a competência para o julgamento do *habeas corpus* quando se tratar de matéria sujeita a jurisdição trabalhista (Prisão de natureza civil).

A competência para o julgamento do Habeas Data também vem previsto no texto Constitucional emendado para possibilitar ao trabalhador o acesso a dados pessoais em poder do Estado, assegurando o respeito aos direitos da personalidade à intimidade e vida privada do trabalhado.

V- Conflitos de Competência – Formas de Solução

1. O conflito de competência entre Varas do Trabalho, na mesma região, deverá ser dirimindo pelo TRT.

2. Quando se tratar de conflito de Varas do Trabalho sujeitas à jurisdição de Tribunais Regionais do Trabalho diferentes ou entre Tribunais Regionais do Trabalho, a competência é do TST.

3. Quando o conflito envolver juízes vinculados a Tribunais diversos da Jurisdição Trabalhista a competência é do STJ (art. 102, I, da CF).

4. Quando envolver conflito entre Tribunal Superior e STJ, a competência é do Superior Tribunal Federal (STF).

VI - Ações de Indenização por Dano Moral ou Patrimonial, Decorrentes da Relação de Trabalho

A Emenda Constitucional n. 45/2004 consagrou definitivamente a competência da Justiça do trabalho para o julgamento de todas as ações que envolvem pedidos de indenização por danos materiais e morais decorrentes da relação de trabalho.

VII – Ações Relativas às Penalidades Administrativas

Muito embora o texto constitucional utilize a expressão **"ações" e não em "execuções"** relativas às penalidades administrativas, a doutrina vem, com acerto, se posicionando em sentido contrário.

A finalidade da nova hipótese de competência leva a afirmar-se que a própria execução fiscal das multas e dos valores deve ser feita perante a Justiça do Trabalho, admitindo-se a discussão da legalidade do lançamento mediante embargos do executado.

Conforme análise feita pelo processualista do trabalho, o magistrado Marcos Neves Fava, mostra-se incoerente, para dizer o mínimo, "exigir dos litigantes que se defendessem ou postulassem, perante a Justiça do Trabalho, mas que, consolidada a obrigação de pagamento da dívida, aforassem — ou se defendessem — perante a Justiça Federal, durante a execução.

Não se pode por meio de equivocada hermenêutica rejeitar a competência da Justiça do Trabalho para as execuções fiscais relacionadas às penalidades administrativas impostas aos empregadores pela fiscalização das relações de trabalho.

Desde logo, porque a competência para o gênero "**ações**" induz, por corolário lógico, a da espécie "**execução**". Aliás, o processo de conhecimento, ressalvado a tutela meramente declaratória, não se faz útil ou efetivo, sem a correspondente ação de execução.

Outra questão que se coloca é que a literalidade do texto emendado sugere que apenas as "penalidades administrativas" já impostas pelos órgãos de fiscalização transferiram-se à competência da Justiça do Trabalho.

A resposta a esta indagação deve ser feita levando em conta que com a nova redação os atos da administração nas tarefas de regulação e fiscalização das relações do trabalho, passaram à competência da Justiça do Trabalho. Se, inequivocamente, o auto de infração imposto ao empregador por falta da autorização a que se refere o art. 71, § 3º, da CLT (para redução do intervalo de refeição) terá impugnação patronal resolvida pela Justiça do Trabalho, não impossível conceber que a negativa do Delegado Regional do Trabalho em conceder tal autorização — ou sua omissão em despachar o requerimento — seja, por ausência de imposição de multa, até então, transferida para competência da Justiça Federal. Cisão indesejável e casuística da competência, em desfavor da racionalidade da ordem jurídica.

Assim, no momento entendemos que em lugar de "penalidades", a interpretação mais adequada sugere a leitura de **"atos" dos órgãos de fiscalização das relações do trabalho**, hermenêutica de consequências bem mais abrangentes.

Qualquer ação, tanto a proposta pelo empregador objetivando invalidar multa imposta pela DRTs, como também as execuções dos títulos extra judiciais, originados dos autos de inspeção tomados pelos auditores fiscais do trabalho; proposto pela fazenda pública em fazenda empregador passaram a ser da competência da Justiça do Trabalho.

VIII- Execução, de ofício das Contribuições Sociais previstas no art. 195, I, "a", e II e seus acréscimos legais, decorrentes das sentenças que proferir

A Justiça do trabalho é competente para determinar o recolhimento das contribuições previdenciárias e fiscais sobre as verbas de natureza salarial, decorrentes das sentenças que proferir ou dos acordos homologados, devendo o juízo promover, de ofício, a execução dos valores devidos.

Complementação de Aposentadoria ou de Pensão

A competência material da Justiça do Trabalho não exige que, ao tempo da propositura da ação, ainda se tenha a subsistência da relação de trabalho, pois pode existir ação trabalhista nas quais se pleiteia a complementação de aposentadoria ou de pensão decorrentes de regulamentos internos da empresa ou de entidade previdenciária complementar patrocinada pelo empregador, de forma isolada, ou mediante a participação do empregado. Neste caso, não há que se falar em incompetência da Justiça do Trabalho.

Competência da Justiça do Trabalho para julgar ação com pedido de indenização de dano moral sofrido na fase pré-contratual

A doutrina e a jurisprudência ainda não sedimentou o entendimento sobre a Competência da Justiça do Trabalho para julgar ação com pedido de indenização de dano moral sofrido na fase pré-contratual.

Para José Affonso Dallegrave,[6] "considerando que o conceito de relação de trabalho é aquele que pressupõe qualquer liame jurídico entre dois sujeitos, desde que tendo por objeto a prestação de um serviço, autônomo ou subordinado, não há dúvidas que não só os contratos celetistas estão nele abrangidos, mas boa parte dos contratos civis e comerciais".

Mauro Schiavi[7] discorre que o vocábulo relação de trabalho pressupõe "trabalho prestado por conta alheia, em que o trabalhador (pessoa física) coloca sua força de trabalho em prol de outra pessoa (física ou jurídica), podendo o trabalhador correr ou não os riscos da atividade. Desse modo, estão excluídas as modalidades de relação de trabalho em que o trabalho for prestado por pessoa jurídica, porquanto, nessas modalidades, embora haja relação de trabalho, o trabalho humano não é o objeto dessas relações jurídicas e sim um contrato de natureza civil ou comercial".

Délio Maranhão[8] menciona que "no contrato de trabalho, como nos demais contratos, pode haver um período pré-contratual. É que nem sempre o contrato tem formação instantânea, embora a formação progressiva do contrato de trabalho constitua uma exceção. Neste caso não há confundir a proposta do contrato, que pressupõe que este se forma pelo único fato da aceitação, que, por isso, obriga o preponente (art. 1.080 do Código Civil de 1916; art. 427, Código Civil de 2002), com os entendimentos preliminares da fase pré-contratual.

Como ensina Serpa Lopes, o característico principal dessas conversações preliminares consiste em serem entabuladas sem qualquer propósito de obrigatoriedade. Tais conversações, porém, se não obrigam a concluir o contrato, nem por esse motivo deixam de produzir, em alguns casos, efeitos jurídicos. Assim é que, se os entendimentos preliminares chegarem a um ponto que faça prever a conclusão do contrato e uma das partes os rompe sem um motivo justo e razoável (culpa em contraendo), a outra terá o direito ao ressarcimento do dano causado por esse rompimento (interesse contratual negativo), quando possa provar que, confiando na previsível conclusão do contrato, fez despesas em virtude de tais entendimentos, ou deixou de aceitar outra oferta tanto ou mais vantajosos. Consideramos perfeitamente cabível uma ação desta natureza na Justiça do Trabalho, em face do art. 114 da

---

(6) DALLEGRAVE NETO. José Affonso. Primeiras Linhas sobre a Nova Competência da Justiça do Trabalho Fixada pela Reforma do Judiciário (EC n. 45/2004). In: COUTINHO, Grijalbo Fernandes; FAVA, Marcos Neves (Coords.). *Nova competência da Justiça do Trabalho*, p. 196.

(7) SCHIAVI, Mauro. O alcance da expressão 'relação de trabalho' e a competência da Justiça do Trabalho um ano após a Emenda Constitucional n. 45/2004. In: *Revista TST*, v. 72, n. 1, p. 38, jan./abr. 2006.

(8) MARANHÃO, Délio; VIANNA, Segadas; TEIXEIRA, Lima. *Instituições de direito do trabalho*, v. 1, 19. ed., p. 252.

Constituição, que fala 'em outras controvérsias decorrentes da relação de trabalho'. Dir-se-á que essa relação não chegou a se completar. Mas o dano se apura, na hipótese, em função de sua previsível formação, e a culpa ocorre na fase preliminar de um contrato de trabalho: a controvérsia se origina, pois, de uma relação de trabalho, embora no nascedouro".

A jurisprudência declina:

> **RELAÇÃO DE TRABALHO. ADVOGADO. COMPETÊNCIA DA JUSTIÇA DO TRABALHO.** A relação entre o advogado e seu cliente é de trabalho. A prestação de serviços por advogado, autônomo, implica atividade laboral. Compete á Justiça do Trabalho dirimir esse litígio. (TRT-9ª R – Proc. N. 78030-2005-020-09-00-0 – Rel. Francisco Roberto Ermel – DJPR 13.1.2006)

> **HONORÁRIOS RELATIVOS A PRESTAÇÃO DE SERVIÇOS MÉDICOS. COMPETÊNCIA DA JUSTIÇA DO TRABALHO, NA FORMA DA EC N. 45/2005, QUE DEU NOVA REDAÇÃO AO ART. 114 DA CF/88.** Na ausência de provas quanto 'a remuneração pelos serviços médicos prestados, com base nos percentuais informados na exordial e não contestados pelo demandado, impõe-se o pagamento referente aos exames realizados pelo autor e comprovados nos autos. Recurso ordinário conhecido e parcialmente provido, para julgar procedente, em parte, a pretensão deduzida da demanda. (TRT – 22ª R – RO n. 00101-2005-002-22-00-6 – Relª. Enedina Maria Gomes dos Santos – DJU 23.1.2006 – p. 11)

> **RECURSO DE REVISTA. INCOMPETÊNCIA MATERIAL DA JUSTIÇA DO TRABALHO. ENTE PÚBLICO. CONTRATAÇÃO IRREGULAR.** Consignado, no acórdão recorrido, que o reclamante foi contratado nos moldes permitidos pelo Código de Organização e Divisão Judiciária do Estado e constatado que o obreiro não alegou, na petição inicial — desvirtuamento em tal contratação, mediante a prestação de serviços à Administração para atendimento de necessidade permanente e não para acudir a situação transitória e emergencial —, conforme previsto na Súmula n. 205, II, do TST, não há falar em afronta ao art. 114 da Lei Maior. Divergência jurisprudencial específica não demonstrada (Súmula n. 296/TST). **Recurso de revista não conhecido**.

> **COMPETÊNCIA DA JUSTIÇA DO TRABALHO. COMPLEMENTAÇÃO DE APOSENTADORIA.** É competente a Justiça do Trabalho para processar e julgar as ações relativas à complementação de aposentadoria, na hipótese de a instituição de previdência privada ser criada pelo empregador, pois a complementação de aposentadoria decorre da relação de emprego, independentemente de haver-se transferido a responsabilidade pela complementação dos proventos para entidade diversa. A decisão recorrida encontra-se em sintonia com a jurisprudência desta Corte, atraindo a incidência da Súmula n. 333 do TST. Recurso de Revista de que não se conhece.

Competência para decidir ação movida por atleta profissional de futebol

Pela nova ordem constitucional (CF/88), o Poder Judiciário só admitirá ações relativas à disciplina e às competições desportivas após se esgotarem as instâncias da justiça desportiva, reguladas em lei (art. 217, § 2º). Contudo, a lei não excluirá da apreciação do Poder Judiciário lesão ou ameaça a direito (art. 5º, XXXV). Pela interpretação sistemática dos artigos, temos que "o art. 29, da Lei n. 6.354/76 é, em parte, incompatível com o vigente texto constitucional: no que cerceia transitoriamente ao atleta profissional de futebol o exercício do direito de ação para vindicar prestação decorrente do contrato de trabalho firmado com a respectiva associação empregadora. A Carta Magna não consente restringir-se o direito de ação, senão excepcionalmente quanto à disciplina e às competições esportivas".[9]

---

(9) DALAZEN, João Oreste. Ob. cit., p. 133.

Declina a Jurisprudência:

ATLETA PROFISSIONAL. AÇÕES EM QUE É NECESSÁRIO ESGOTAR AS INSTÂNCIAS DA JUSTIÇA DESPORTIVA. A Constituição Federal, promulgada em 5/10/1998, não recepcionou o art. 29 da Lei n. 6.354/76. O art. 217 da CF/88 dispõe expressamente sobre a necessidade de esgotar as instâncias da Justiça Desportiva somente para as ações concernentes à disciplina e às competições desportivas. (TRT – 3ª R. – 5ª T. – RO n. 16.769/99 – Relª. Márcia A. Duarte de Las Casas – DJMG 18.7.2001)

EMENDA CONSTITUCIONAL N. 45. CONFLITO NEGATIVO DE COMPETÊNCIA ENTRE A JUSTIÇA COMUM E A DO TRABALHO. REMESSA DOS AUTOS AO STJ. A alteração superveniente da competência não atinge as causa em que já havia sido proferida a decisão de primeiro grau, pois somente o Tribunal de Justiça do Estado detém a competência privada para julgar em grau de recurso as ações decididas em primeira instância pelos juízes a ele vinculados. Tem sido declarado incompetente aquele órgão, suscita-se o conflito negativo de competência. (TRT – 12ª R. – 2ª T. – ROV n. 704/2005.043.12.00-8 – Ac n. 6137/06 – Relª. Marta M. V. Fabre – DJ 24.5.2006 – p. 286)

Súmulas do Superior Tribunal de Justiça e a competência material trabalhista

Sumula n. 62. Compete à Justiça Estadual processar e julgar o crime de falsa anotação na Carteira de Trabalho e Previdência Social, atribuído à empresa privada.

Compete à Justiça Federal, excluídas as reclamações trabalhistas, processar e julgar os feitos relativos à movimentação do FGTS (Súmula n. 82) A Justiça do Trabalho é competente nas demandas que "objetivem o ressarcimento de parcelas reativas ao FGTS, ou que, direta ou indiretamente, impliquem essa obrigação de fazer; o juiz determina que a empresa sucumbente proceda ao recolhimento imediato das importâncias devidas a tal título"[10] (art. 26, Lei n. 8.036/90).

Compete à Justiça Federal processar e julgar crime de falso testemunho cometido no processo do trabalho (Súmula n. 165).

4.2.1. A competência em razão do local

Regra geral – A ação trabalhista deve ser proposta perante a Vara do Trabalho do último local da prestação de serviços, ainda que o empregado tenha sido contratado em outro local ou no estrangeiro, é o que se depreendo do art. 651 da CLT.

Exceções

Quando se tratar de **empregado viajante comercial**, se estiver ligado à agência ou filial, a competência será da Vara do local em que está localizada a agência ou filial; na falta, ou se não estiver subordinado à agência ou filial, a competência será a do domicílio do empregado ou local mais próximo.

Quando se tratar de **empregado brasileiro laborando no estrangeiro**, este pode optar em ajuizar a ação no Brasil, desde que não haja convenção internacional dispondo em contrário, caso em que será competente a Vara do Trabalho do local em que estiver situada a repartição da empresa no Brasil. Desta forma, no caso do empregado ir trabalhar no estrangeiro, a ação deverá ser ajuizada perante a vara onde o empregador tenha sede no Brasil ou onde o trabalhador tenha sido contratado antes da sua ida para o exterior.

---

(10) NASCIMENTO, Amauri Mascaro. Ob. Cit., p. 202.

Quando se tratar de **empresas que promovem atividades fora do lugar do contrato**, em lugares incertos, transitórios ou eventuais (Ex.: empresas circenses, desfiles de moda, reflorestamento etc.), os empregados podem escolher entre o local da prestação de serviços e o local da contratação.

A competência territorial é **relativa**. Pode ser prorrogada se a parte contrária não se insurgir contra a escolha feita pelo autor.

No processo do trabalho, por medida de proteção ao trabalhador, não se admite o **foro de eleição**.

Empresas que promovem atividades fora do lugar do contrato

Wagner Giglio[11] discorre: "A segunda exceção diz respeito a empregadores que realizem atividades fora do local onde são firmados os contratos de trabalho, como acontece com as empresas especializadas em auditoria, instalação de caldeiras, reflorestamento etc. Tais atividades exigem que o empregado se desloque para prestar serviços no local onde são requeridos, por vezes ali permanecendo durante bastante tempo. Prestigiando, ainda uma vez, a facilidade de acesso do empregado às Cortes Trabalhistas, o art. 651, § 3º, da Consolidação permite ao empregado, a sua escolha, 'apresentar reclamações no foro da celebração do contrato ou no da prestação dos serviços'. E a jurisprudência vem entendendo essa disposição de forma abrangente, aplicando os casos em que o empregado pode propor ação em juízo diverso daquele que seria competente em razão do lugar da prestação dos serviços.

Foro de eleição e a competência territorial trabalhista

Amauri Mascaro Nascimento[12] assevera: "A sua admissibilidade redundaria em problemas de difícil solução, dada a hipossuficiência do trabalhador. Se num contrato escrito em São Paulo ficasse constatado que a questão dele resultante, por acordo entre as partes, devesse ser movida, por exemplo, em Belém do Pará, o empregado não teria meios de se locomover até lá para propor a ação. Vale dizer, estaria praticamente invalidado o direito de ação, em prejuízo do mais fraco economicamente. Daí a repulsa ao foro de eleição no processo trabalhista. Entende-se, portanto, não escrita cláusula de contrato individual de trabalho estabelecendo foro de eleição.

Cumpre salientar que para as relações de trabalho o foro de eleição será aceito.

4.2.2. Competência funcional

Trata-se de distribuir a solução dos conflitos de acordo com a função do juiz.

Regra geral – As ações trabalhistas devem iniciar-se na primeira instância, ou seja, perante as Vara do Trabalho (arts. 652 e 653 da CLT); os Tribunais possuem de regra competência recursal (arts. 678, 679 e 680 da CLT e Lei n. 7.701/1988).

No entanto, há casos de **ações de competência originárias dos tribunais superiores**. **Tribunais Regionais do Trabalho**.

---

(11) GIGLIO, Wagner. *Direito processual do trabalho*, 13. ed., p. 52.
(12) NASCIMENTO, Amauri Mascaro. Ob. cit., p. 220.

A competência originária dos Tribunais Regionais do Trabalho envolve os dissídios individuais e coletivos, os quais são iniciados perante o próprio tribunal.

Os dissídios individuais são: mandados de segurança; ações rescisórias; *habeas corpus*; ações anulatórias em convenção ou acordo coletivo (OJ n. 129, SDI-II); medidas cautelares nominadas e inominadas, preparatórias ou incidentes, quanto aos processos de sua competência originária ou na forma do art. 800, parágrafo único, do CPC.

Competência Recursal dos Tribunais Regionais do Trabalho

A competência recursal é decorrência natural do princípio do duplo grau de jurisdição ou seja, a faculdade que é dada ao vencido de ter o reexame da decisão que lhe foi desfavorável.

São exemplos de Competência recursal dos Tribunais Regionais do Trabalho: As decisões definitivas ou terminativas originária das varas do trabalho nos dissídios individuais de conhecimento ficam submetidas ao duplo grau de jurisdição, por intermédio do recurso ordinário (art. 895, "a", CLT). Nas ações de execução, as decisões proferidas pelas varas do trabalho são reexaminadas pelo agravo de petição (art. 897, "a", CLT). Os despachos denegatórios de recursos, os quais são proferidos pelos juízes das varas do trabalho ou juízes estaduais no exercício da jurisdição trabalhista, podem ser revistos nos TRTs, pela oposição do agravo de instrumento (art. 897, "b", CLT). Da fixação do valor da causa no processo trabalhista (art. 2º, § 2º, da Lei n. 5.584/70) no prazo de 48 horas, cabe o pedido de revisão para o presidente do TRT.

A competência em razão de matéria e hierárquica é absoluta e por essa razão é imodificável, inderrogável, pode ser reconhecida de ofício em qualquer tempo ou grau de jurisdição.

A competência territorial é relativa e por essa razão não pode ser reconhecida de ofício, se não for arguida pela parte contrária pode ser modificada e prorrogada.

4.2.3. Modificação de competência

O art. 114 do CPC dispõe que será prorrogada a competência se o réu não opuser exceção de competência em razão de lugar, no prazo legal. Aplica-se esta prorrogação na seara trabalhista.

No processo do trabalho não existe a possibilidade de modificação da competência em razão do valor da causa, uma vez que a ação trabalhista, independentemente do valor atribuído à causa, sempre será processada e julgada pelo mesmo juízo.

4.2.4. Conexão

O art. 842 da Consolidação das Leis do trabalho permite a acumulação ou a reunião de lides em um único processo desde que haja entre elas identidade de matéria e tenham sido propostas por empregado da mesma empresa ou estabelecimento, ou desde que haja identidade de objeto e causa de pedir das ações reputadas conexas.

Ocorrendo protocolo de ações conexas em juízos diversos, a prevenção será do juízo cuja ação trabalhista tenha sido protocolada em primeiro lugar.

5

Ministério Público do Trabalho

O art. 127 da Constituição Federal conceitua a instituição Ministério Público, dispondo da seguinte maneira: "É uma instituição permanente, essencial à função jurisdicional do Estado, incumbindo-lhe a defesa da Ordem Jurídica, do Regime Democrático e dos interesses sociais e individuais indisponíveis".

5.1. Análise do conceito

Instituição Permanente: trata-se de um dos órgãos pelo qual o Estado exerce a soberania e não pode ser abolido pelo poder constituinte derivado. A Constituição Federal deixa certo que o Ministério Público é uma instituição com função permanente de defender a sociedade, trata-se portanto, de cláusula pétrea e por essa razão as disposições constitucionais sobre o Ministério Público, não podem ser alteradas por uma emenda constitucional ou por uma lei infraconstitucional, é uma instituição que foi criada com esse perfil, ser permanente, perene e eterna para a sociedade.

Essencial à função jurisdicional do Estado: o Ministério Público é essencial ao exercício da função jurisdicional e por essa razão deve atuar na prestação da tutela jurisdicional sempre que existir interesse social e individual indisponível.

Defesa da Ordem Jurídica: trata-se de uma instituição que tem como objetivo preponderante defender a ordem jurídica como fiscal da lei.

Do Regime Democrático: a defesa do regime democrático é a defesa do próprio Estado Democrático de Direito, Quando se fala em defesa do Estado Democrático de Direito, estamos falando da defesa da sociedade, por essa razão, o Ministério Público tem por incumbência, adotar todas as medidas indispensáveis para garantir o respeito dos poderes públicos aos direitos assegurados pela constituição, lutar pela preservação dos valores democráticos, da soberania e representatividade popular, defender as instituições democráticas, a preservação dos direitos políticos como condição de assegurar a liberdade das pessoas.

Interesses indisponíveis: quanto a defesa dos interesses individuais indisponíveis da sociedade e dos indivíduos ou seja o interesse público, voltado para a sociedade. A expressão *interesse público* muitas vezes é utilizada como sendo interesse do Estado, contrapondo-se ao interesse privado ou particular, cujo titular é o cidadão. No entanto, há que se distinguir o interesse público primário (interesse de toda a comunidade do interesse público secundário (interesse da administração). O interesse do Estado nem sempre coincide com o interesse da coletividade. Segundo estabelecido na Constituição Federal o Ministério Público deve atuar em questões que extrapolem o interesse meramente individual, na defesa de interesses indisponíveis ou seja **Interesse público primário,** bem geral da coletividade como por exemplo, a vida, saúde, liberdade etc., também interesses difusos, coletivos e individual homogêneo, **interesses indisponíveis.**

5.2. Natureza jurídica da instituição

Órgão do Estado, de natureza constitucional a serviço da sociedade e do interesse público.

5.3. Natureza jurídica da sua atuação

Da análise das funções institucionais podemos afirmar a natureza administrativa da sua atuação. O fato de atuar como *"custos legis"* ou como órgão agente não torna suas funções institucionais em jurisdicionais ou legislativa. Exerce função administrativa, que consiste em zelar pelo interesse público primário. A Constituição Federal de 1988 inseriu a instituição Ministério Público em secção própria no capítulo IV Das Funções Essenciais a Administração da Justiça.

5.4. Princípios institucionais

São princípios institucionais do Ministério Público: unidade, indivisibilidade, independência funcional.

5.4.1. Unidade

Significa que o Ministério Público é uma instituição única, todos têm a mesma atribuição, o que difere é a área de atuação. Todos têm a mesma incumbência — defesa da ordem jurídica, do regime democrático e dos interesses Sociais e Individuais Indisponíveis independentemente da jurisdição perante a qual esteja atuando (Civil, Penal, Militar ou Trabalhista).

5.4.2. Indivisibilidade

A indivisibilidade consiste no fato de que as atribuições entre os membros de um mesmo ramo do Ministério Público é indivisível e pode haver substituição de um por outro, não de maneira arbitrária, mas na forma da lei, em decorrência da indivisibilidade não há que se falar em Princípio da Identidade Física para os membros do Ministério Público.

5.4.3. Independência funcional

Os membros do Ministério Público atuam de modo independente, sem qualquer vínculo de subordinação hierárquica "só submissos a sua consciência e aos seus deveres profissionais pautados pela Constituição Federal e à Lei que rege a instituição (Lei Complementar n. 75/93).

Não recebem ordens. Por essa razão, nem o Procurador-Geral, nem o Conselho, nem o Corregedor podem impor um procedimento funcional a qualquer membro, senão fazer recomendações que poderão ser acatadas ou não.

O Princípio da Independência Funcional pode ser apontado como uma garantia da instituição e dos seus membros individualmente, mas também um princípio voltado para a sociedade, que também precisa ter garantias de que os seus interesses serão defendidos por pessoas, que não devem obediência e subordinação a ninguém.

5.4.5. Princípio do promotor natural

Outro princípio que não está no § 1º, mas está na Constituição Federal, no art. 5º, XXXVI e LIII, é o Princípio do Promotor natural, assegurando-se a sociedade, aos jurisdicionados o direito de serem julgados e processados por juízes e promotores, que não sejam escolhidos para atuarem em um determinado processo. Pelo Princípio do Promotor Natural assegura-se que o membro da instituição não pode ser afastado ou removido de sua sede de lotação circunstancialmente, senão por critérios previamente estabelecidos pela lei para que não haja violação do direito individual de membro e também da sociedade. A designação e o afastamento de um inquérito civil ou penal ou de um processo só pode ocorrer nas hipóteses expressamente autorizadas em lei.

5.5. A Constituição Federal de 1988 e os diversos ramos do Ministério Público

O art. 128 da Constituição Federal estabelece que o Ministério Público abrange:

I – Ministério Público da União que compreende:

a) Ministério Público Federal;

b) Ministério Público do Trabalho;

c) Ministério Público Militar;

d) Ministério Público do Distrito Federal e Territórios.

II – Ministério Público dos Estados

Da análise do referido dispositivo legal verifica-se que o legislador constituinte estabeleceu a existência do Ministério Público da União, que já era reconhecido como instituição desde 1951, e que recebeu do legislador constituinte a Lei Maior a seguinte divisão: o Ministério Público Federal; o Ministério Público do Trabalho; o Ministério Público do Distrito Federal; e o Ministério Público Militar, e seus membros são conhecidos como Procuradores, Procuradores Regionais e Sub-Procuradores. A área de atuação de cada um dos ramos do Ministério Público da União está disciplinada na Lei Complementar n.75/93, onde se tem:

5.6. Competência para atuação de cada um dos ramos do Ministério Público da União

5.6.1. *Competência para atuação do Ministério Público Federal*

O art. 37 da LC n. 75/93 dispõe:

O Ministério Público Federal exercerá as suas funções:

I – Nas causas de competência do Supremo Tribunal Federal, do Superior Tribunal de Justiça, dos Tribunais Regionais Federais e dos Juízes Federais, e dos Tribunais e Juízes Eleitorais;

II – Nas causas de competência de quaisquer juízes e tribunais, para defesa de direitos e interesses dos índios e das populações indígenas, do meio ambiente, de bens e direitos de valor artístico, estático, histórico, turístico e paisagístico, integrantes do patrimônio nacional.

5.6.2. A competência para atuação do Ministério Público Militar

Vem prevista no art. 116 da Lei Orgânica do Ministério Público da União, n. 75/93, que assim dispõe:

> Art. 116. Compete ao Ministério Público Militar o exercício das seguintes atribuições junto aos órgãos da Justiça Militar:
>
> I – promover, privativamente, a ação penal pública;
>
> II – promover a declaração de indignidade ou de incompatibilidade para o oficialato;
>
> III – manifestar-se em qualquer fase do processo, acolhendo solicitação do juiz ou por sua iniciativa, quando entender existente interesse público que justifique a intervenção.
>
> Art. 117. Incumbe ao Ministério Público Militar:
>
> I – requisitar diligências investigatórias e a instauração de inquérito policial-militar, podendo acompanhá-los e apresentar provas;
>
> II – exercer o controle externo da atividade da polícia judiciária militar.

5.6.3. Competência para atuação do Ministério Público do Distrito Federal e Territórios

Os membros do Ministério Público do Distrito Federal e Territórios exercerão suas funções nas causas de competência do Tribunal de Justiça e dos Juízes do Distrito Federal e Territórios. Por oportuno transcrevemos o art. 151 da Lei Complementar n. 75/1993.

> Art. 151. Cabe ao Ministério Público do Distrito Federal e Territórios exercer a defesa dos direitos constitucionais do cidadão, sempre que se cuide de garantir-lhes o respeito:
>
> I – pelos Poderes Públicos do Distrito Federal e dos Territórios;
>
> II – pelos órgãos da administração pública, direta ou indireta, do Distrito Federal e dos Territórios;
>
> III – pelos concessionários e permissionários do serviço público do Distrito Federal e dos Territórios;
>
> IV – por entidades que exerçam outra função delegada do Distrito Federal e dos Territórios.

5.6.4. Competência para atuação do Ministério Público do Trabalho

O Ministério Público do Trabalho é ramo do Ministério Público da União, que tem legitimidade para atuar perante a Justiça do Trabalho na defesa dos interesses difusos, coletivos, individuais homogêneos, sociais e indisponíveis dos trabalhadores.

5.7. Do Ministério Público dos Estados

Estabelece, ainda, a Carta Constitucional vigente os Ministérios Públicos dos Estados, cujos membros são conhecidos tradicionalmente como Promotores Públicos, aqueles que atuam na Primeira Instância, e os Procuradores de Justiça que atuam na Segunda Instância. O Ministério Público dos Estados tem a sua atuação na área Estadual, tanto na área civil quanto na penal (ação penal pública), também pode promover Ação Direta de Inconstitucionalidade contra leis e atos normativos Estaduais e Municipais, já os Federais serão de competência do Ministério Público Federal.

5.8. Ministério Público Eleitoral

O Ministério Público Eleitoral não existe como instituição, existem sim funções eleitorais do Ministério Público, ora cometidas ao Ministério Público Federal ora ao Ministério Público Estadual .Segundo a Lei Orgânica do Ministério Público da União (art. 72), compete ao Ministério Público Federal exercer as funções do Ministério Público junto aos Tribunais e Justiça Eleitoral. Perante os juízes e juntas eleitorais, as funções eleitorais do Ministério Público serão exercidas pelo Promotor Eleitoral que é o membro do Ministério Público local que oficia junto ao juízo investido na competência eleitoral de cada zona (arts. 78-79).

5.9. Ministério Público do Tribunal de Contas

O Ministério Público junto ao Tribunal de Contas não foi previsto na Constituição Federal de 1988 como instituição própria, eis que não está inserido no rol constante do art. 128 da Constituição Federal. Constituí um quadro especial, conforme decisão do Supremo Tribunal Federal, que reconheceu existência de um Ministério Público Especial junto ao Tribunal de Contas, mas sem a autonomia administrativa e financeira e institucional outorgada pela Constituição Federal aos outros ramos do Ministério Público, integra, na verdade, a organização administrativa do Tribunal de Contas, ainda que em regime jurídico especial.

Entretanto, conforme disposto no art. 130 da Constituição Federal, os membros do Ministério Público junto ao Tribunal de Contas, têm os mesmos direitos, vedações e forma de investidura que os demais membros do *Parquet*. Tais membros têm atuação restrita dentro destes tribunais, atuam apenas dando pareceres e oficiando como *custos legis* nos procedimentos e processos cometidos ao controle externo daquela corte.

A doutrina critica este fato, ao fundamento de que diante da relevância da sua função (fiscalizar as atividades administrativas e financeiras do Estado) não deveria ser tolhido sua autonomia administrativa e financeira, o que pode vir a enfraquecê-lo como instituição.

5.10. Conselho de Assessoramento do Ministério Público União

O art. 28 da Lei Complementar n. 75/93 regulamenta a estrutura do Conselho de Assessoramento do Ministério Público da União, dispondo:

> Art. 28. O Conselho de Assessoramento Superior do Ministério Público da União, sob a presidência do Procurador-Geral da República será integrado pelo Vice-Procurador-Geral da República, pelo Procurador-Geral do Trabalho, pelo Procurador-Geral da Justiça Militar e pelo Procurador-Geral de Justiça do Distrito Federal e Territórios".

Trata-se de um órgão colegiado criado com a função de assessoramento, podendo seus integrantes opinarem sobre as matérias de interesse comum de todos os ramos do

Ministério Público, como forma de incentivar a uniformidade de atuação dentro da instituição, pois muito embora cada um tenha um ramo de atuação, todos convergem para o interesse público da sociedade.

Ressalte-se que não se pode confundir com o Conselho Nacional do Ministério Público previsto no art. 130 da Constituição Federal, nem com o Conselho Superior do Ministério Público.

5.11. Conselho Nacional do Ministério Público

Importante alteração decorrente da Emenda Constitucional n. 45/2004, foi criação do Conselho Nacional do Ministério Público tratado, no art. 130-A da Constituição Federal.

Da análise do referido dispositivo legal verifica-se que o Conselho Nacional do Ministério Público será composto por 14 membros, nomeados pelo presidente da República, depois de aprovada a escolha pela maioria absoluta do Senado Federal, para mandato de 2 (dois) anos, admitida **uma** recondução, sendo:

a) O Procurador-geral da República, que o preside;

b) 4 membros do Ministério Público da União, assegurada a representação de cada uma de suas carreiras; um de cada ramo (1 do Ministério Público Federal, 1 do Ministério Público do Trabalho, 1 do Ministério Público Militar e 1 do Ministério Público do Distrito Federal e Territórios

c) 3 membros do Ministério Público do Estados;

d) 2 juízes, indicados pelo Superior Tribunal de Justiça;

e) 2 advogados, indicados pelo Conselho Federal da Ordem dos Advogados do Brasil;

f) 2 cidadãos de notável saber jurídico e reputação ilibada, indicados um pela Câmara dos Deputados e outro pelo Senado.

Os membros oriundos do Ministério Público serão indicados pela respectiva instituição a que pertençam, na forma da Lei.

Compete ao Conselho Nacional do Ministério Público o controle da atuação administrativa e financeira do Ministério Público e do cumprimento dos deveres funcionais de seus membros, cabendo-lhe, ainda:

a) zelar pela autonomia funcional e administrativa do Ministério Público, podendo expedir atos regulamentares, no âmbito de sua competência, ou recomendar providências;

b) zelar pela observância do art. 37 da Constituição Federal e apreciar, de ofício ou mediante provocação, a legalidade dos atos administrativos praticados por membros ou órgãos do Ministério Público da União e dos Estados, podendo destituí-los, revê-los ou fixar prazo para que se adotem as providências necessárias ao exato cumprimento da lei, sem prejuízo da competência dos tribunais de contas;

c) receber e conhecer das reclamações contra membros ou órgãos do Ministério Público da União ou dos Estados, inclusive contra seus serviços auxiliares, sem prejuízo da competência disciplinar e correcional da instituição, podendo avocar processos disciplinares em curso, determinar a remoção, disponibilidade ou aposentadoria com subsídios ou proventos proporcionais ao tempo de serviço e aplicar outra sanções administrativas, assegurada ampla defesa;

d) rever, de ofício ou mediante provocação, os processos disciplinares de membros do Ministério Público da União ou dos Estados julgados há menos de um ano;

e) elaborar relatório anual, propondo as providências que julgar necessárias sobre a situação do Ministério Público no País e as atividades do Conselho, o qual deve integrar a mensagem presidencial prevista no art. 84, XI, da Constituição.

O Conselho escolherá, em votação secreta, um Corregedor nacional, dentre os membros do Ministério Público que o integra, vedada a recondução, competindo-lhe, além das atribuições que lhe forem conferidas pela lei, as seguintes:

a) receber reclamações e denúncias, de qualquer interessado, relativas aos membros do Ministério Público e dos seus serviços auxiliares;

b) exercer funções executivas do Conselho, de inspeção e correição geral;

c) requisitar e designar membros do Ministério Público, delegando-lhes atribuições, e requisitar servidores de órgãos do Ministério Público.

Ainda segundo a EC n. 45/04 (Reforma do Judiciário), leis da União e dos Estados criarão ouvidorias do Ministério Público, competentes para receber reclamações e denúncias de qualquer interessado contra membros ou órgãos do Ministério Público, inclusive contra seus serviços auxiliares, representando diretamente ao Conselho Nacional do Ministério Público.

Por oportuno, transcrevemos abaixo o referido dispositivo legal:

Art. 130-A. O Conselho Nacional do Ministério Público compõe-se de quatorze membros nomeados pelo Presidente da República, depois de aprovada a escolha pela maioria absoluta do Senado Federal, para um mandato de dois anos, admitida uma recondução, sendo:

I – o Procurador-Geral da República, que o preside;

II – quatro membros do Ministério Público da União, assegurada a representação de cada uma de suas carreiras;

III – três membros do Ministério Público dos Estados;

IV – dois juízes, indicados um pelo Supremo Tribunal Federal e outro pelo Superior Tribunal de Justiça;

V – dois advogados, indicados pelo Conselho Federal da Ordem dos Advogados do Brasil;

VI – dois cidadãos de notável saber jurídico e reputação ilibada, indicados um pela Câmara dos Deputados e outro pelo Senado Federal.

§ 1º Os membros do Conselho oriundos do Ministério Público serão indicados pelos respectivos Ministérios Públicos, na forma da lei.

§ 2º Compete ao Conselho Nacional do Ministério Público o controle da atuação administrativa e financeira do Ministério Público e do cumprimento dos deveres funcionais de seus membros, cabendo-lhe:

I – zelar pela autonomia funcional e administrativa do Ministério Público, podendo expedir atos regulamentares, no âmbito de sua competência, ou recomendar providências;

II – zelar pela observância do art. 37 e apreciar, de ofício ou mediante provocação, a legalidade dos atos administrativos praticados por membros ou órgãos do Ministério Público da União e dos Estados, podendo desconstituí-los, revê-los ou fixar prazo para que se adotem as providências necessárias ao exato cumprimento da lei, sem prejuízo da competência dos Tribunais de Contas;

III – receber e conhecer das reclamações contra membros ou órgãos do Ministério Público da União ou dos Estados, inclusive contra seus serviços auxiliares, sem prejuízo da competência disciplinar e correicional da instituição, podendo avocar processos disciplinares em curso, determinar a remoção, a disponibilidade ou a aposentadoria com subsídios ou proventos proporcionais ao tempo de serviço e aplicar outras sanções administrativas, assegurada ampla defesa;

IV – rever, de ofício ou mediante provocação, os processos disciplinares de membros do Ministério Público da União ou dos Estados julgados há menos de um ano;

V – elaborar relatório anual, propondo as providências que julgar necessárias sobre a situação do Ministério Público no País e as atividades do Conselho, o qual deve integrar a mensagem prevista no art. 84, XI.

§ 3º O Conselho escolherá, em votação secreta, um Corregedor nacional, dentre os membros do Ministério Público que o integram, vedada a recondução, competindo-lhe, além das atribuições que lhe forem conferidas pela lei, as seguintes: Material exclusivo dos alunos DIEX. Proibida a reprodução total ou parcial, por qualquer meio ou processo. Vedada à distribuição, ainda que gratuita. Infratores sujeitos às penalidades legais.

I – **receber reclamações e denúncias, de qualquer interessado**, relativas aos membros do Ministério Público e dos seus serviços auxiliares;

II – exercer funções executivas do Conselho, de inspeção e correição geral;

III – requisitar e designar membros do Ministério Público, delegando-lhes atribuições, e requisitar servidores de órgãos do Ministério Público.

§ 4º O Presidente do Conselho Federal da Ordem dos Advogados do **Brasil oficiará junto ao Conselho**.

§ 5º Leis da União e dos Estados criarão ouvidorias do Ministério Público, competentes para receber reclamações e denúncias de qualquer interessado contra membros ou órgãos do Ministério Público, inclusive contra seus serviços auxiliares, representando diretamente ao Conselho Nacional do Ministério Público. (grifo nosso)

Esse conselho tem poder regulamentar que é exercido por meio de suas resoluções sendo certo que já foram expedidas várias resoluções regulamentando por exemplo a questão da filiação partidária, do exercício do magistério pelo membro do Ministério Público etc.

5.12. Procuradores gerais

5.12.1. O Procurador-Geral da República

Nos termos do disposto no § 1º do art. 128 da Constituição Federal o Procurador-Geral da República é o chefe do Ministério Público da União, nomeado pelo Presidente da

República dentre os integrantes da carreira, maior de 35 anos, após aprovação de seu nome por maioria absoluta do Senado Federal. A escolha deve incidir sobre os integrantes da carreira, (o procurador aposentado não pode ser escolhido que não mais integram a carreira).

Ainda, da literalidade do referido dispositivo legal verifica-se que a escolha é feita entre os membros da carreira do Ministério Público da União, ou seja, pode ser escolhido entre os membros do Ministério Público Federal, o Ministério Público Militar, o Ministério Público do Distrito Federal e Territórios e o Ministério Público do Trabalho, no entanto, o fato de cumular a função com a Chefia do Ministério Público Federal, a escolha vem recaindo sempre entre um dos integrantes deste ramo do Ministério Público.

A Constituição Federal de 1988, representou um significativo avanço na escolha do Procurador-Geral da República ao determinar que o mesmo seja escolhido entre os membros da carreira e ter sua investidura fixada por tempo certo, coisa que não ocorria nas Constituições anteriores. O fato de a escolha ser submetida à aprovação pela maioria absoluta dos membros do Senado Federal, torna a nomeação um ato composto.

Ressalte-se ainda que o mandato é pelo prazo de 2 anos (dois), podendo ser reconduzido, sem limitação de vezes, desde que precedida de nova aprovação do Senado Federal. existindo neste fato uma diferença em relação aos demais chefes dos outros ramos do Ministério Público, que só podem ser reconduzidos **uma única vez**.

Essa forma de nomeação ainda possui um resquício da interferência do Poder Executivo na escolha do Procurador-Geral da República, pois na realidade a escolha deveria ser feita da mesma forma que para o Procurador-Geral dos Estados, ou seja, ser escolhido entre os integrantes de lista tríplice formada após votação entre os integrantes da carreira, contudo, esses, hoje, não tem qualquer participação na nomeação do Procurador-Geral da República.

5.12.2. Vice-Procurador da República

Segundo disposto no art. 27 da Lei Complementar n. 75/93 "O Procurador-Geral da República designará, dentre os integrantes da carreira, maiores de trinta e cinco anos, o Vice-Procurador-Geral da República, que o substituirá em seus impedimentos". Ressalte-se ainda que no caso de vacância, exercerá o cargo o Vice-Presidente do Conselho Superior do Ministério Público Federal, até o provimento definitivo do cargo."por outro membro

5.12.3. Destituição do cargo de Procurador-Geral da República

O Procurador-Geral da República pode perder o cargo se condenado por crime de responsabilidade (*impeachment*). Mas a sua destituição do cargo em outras hipóteses só pode acontecer por Iniciativa do Presidente da República, precedida de autorização de maioria absoluta do Senado Federal. Verifica-se, assim, que o **senado não destitui, apenas autoriza o Presidente da República a fazê-lo**.

Caso venha a ocorrer a destituição do Procurador-Geral da República, morte, ou renúncia, o novo membro empossado no cargo inicia investidura autônoma e integral

O art. 45 da Lei Complementar n. 75/93 estabelece que: "O Procurador-Geral da República é o Chefe do Ministério Público Federal".

5.13. Procurador-Geral de Justiça

Dispõe a constituição Federal que o Procurador-Geral de Justiça é o Chefe do Ministério Público nos Estados, e é escolhido pelo Chefe do Executivo, (governador) em lista tríplice composta de integrantes da carreira, constituída na forma da lei local.

Verifica-se que em relação a escolha dos Procuradores-Gerais de Justiça houve um avanço significativo uma vez que ainda que escolhidos pelo Chefe do executivo, a escolha deve recair entre os membros integrantes de lista tríplice, elaborada pelos membros da carreira, por meio de voto plurinominal.

Mandato: é de dois anos, permitida apenas uma recondução. Por recondução deve se entender ao período imediatamente subsequente. Também se tem que para ser reconduzido o Procurador Geral de Justiça, deve repetir-se todo o processo de investidura, ou seja, lista tríplice e nomeação. O membro aposentado também não pode ser escolhido Procurador--Geral de Justiça não integra mais a carreira

5.14. Destituição do cargo de Procurador-Geral de Justiça

O Procurador-Geral de Justiça pode perder o cargo se condenado por crime de responsabilidade (*impeachment*). Mas a sua destituição do cargo em outras hipóteses só pode acontecer por **deliberação pela maioria absoluta do Poder Legislativo do Estado**

5.15. Procurador-Geral de Justiça do Distrito Federal e Territórios

É o Chefe do Ministério Público do Distrito Federal e Territórios. É nomeado pelo Presidente da República (não pelo governador do Distrito Federal, uma vez que conforme dispõe a Constituição Federal, integra o Ministério Público da União) entre os integrantes de lista tríplice elaborada de acordo com a lei respectiva.

5.15.1. Destituição do Procurador de Justiça do Distrito Federal e Territórios

O Procurador-Geral de Justiça do Distrito Federal e Territórios pode perder o cargo se condenado por crime de responsabilidade (impeachment). A destituição do cargo em outras hipóteses só pode acontecer por deliberação da maioria absoluta do Senado Federal. (pelo fato de integrar o Ministério Público da União) mediante representação do Presidente da Republica (art. 156, § 2º, da LC n. 75/96.)

5.16. Atribuições do Procurador-Geral da República

A Lei Orgânica do Ministério Público da União é a Lei Complementar n. 75/93, e esta lei no art. 26, especifica as atribuições do Procurador-Geral da República, dispondo:

Art. 26. São atribuições do Procurador-Geral da República, como Chefe do Ministério Público da União:

I – representar a instituição;

II – propor ao Poder Legislativo os projetos de lei sobre o Ministério Público da União;

III – apresentar a proposta de orçamento do Ministério Público da União, compatibilizando os anteprojetos dos diferentes ramos da Instituição, na forma da lei de diretrizes orçamentárias;

IV – nomear e dar posse ao Vice-Procurador-Geral da República, ao Procurador-Geral do Trabalho, ao Procurador-Geral da Justiça Militar, bem como dar posse ao Procurador-Geral de Justiça do Distrito Federal e Territórios;

V – encaminhar ao Presidente da República a lista tríplice para nomeação do Procurador-Geral de Justiça do Distrito Federal e Territórios;

VI – encaminhar aos respectivos Presidentes as listas sêxtuplas para composição dos Tribunais Regionais Federais, do Tribunal de Justiça do Distrito Federal e Territórios, do Superior Tribunal de Justiça, do Tribunal Superior do Trabalho e dos Tribunais Regionais do Trabalho;

VII – dirimir conflitos de atribuição entre integrantes de ramos diferentes do Ministério Público da União;

VIII – praticar atos de gestão administrativa, financeira e de pessoal;

IX – prover e desprover os cargos das carreiras do Ministério Público da União e de seus serviços auxiliares;

X – arbitrar o valor das vantagens devidas aos membros do Ministério Público da União, nos casos previstos nesta Lei Complementar;

XI – fixar o valor das bolsas devidas aos estagiários;

XII – exercer outras atribuições previstas em lei.

5.17. Garantias do Ministério Público

A Constituição Federal de 1988, assegurou a Instituição Ministério Público autonomia e independência, conferindo-lhe ainda garantias e prerrogativas tanto para a instituição quanto para seus membros.

5.18. Garantias asseguradas a instituição

A primeira garantia é a **estruturação em carreiras, onde se tem que o ingresso se dá por concurso público**, cabendo ressaltar a atual exigência, decorrente da Emenda Constitucional n. 45/04, de que o candidato deve comprovar dois anos de atividade jurídica como requisito para ingresso no Ministério Público, sendo certo que o Conselho Nacional do Ministério Público regulamentou esta exigência através da Resolução n. 4 de 2.006, estabelecendo o que deve ser entendido como atividade jurídica .

A segunda garantia, é a **autonomia administrativa do Ministério Público**, que pode propor ao Poder Legislativo a criação e a extinção de seus cargos e auxiliares, inclusive com relação a política remuneratória e planos de carreira.

A terceira garantia da Instituição, é sobre o processo de escolha e destituição do Procurador-Geral da República como chefe da Instituição, deve ser membro da carreira do Ministério Público, e a escolha submete-se ainda a aprovação do Senado Federal.

A quarta garantia é **a exclusividade quanto a legitimação da ação penal**, assegurando a instituição a função de titular do Estado da pretensão punitiva salvo as exceções previstas no inciso LXIX do art. 5º, onde se tem que quando o Ministério Público não intentar no prazo legal a ação pública pertinente, porque aí poderá ser intentada a ação privada pelo interessado (vítima); e na Lei 9.099/95, que trata das infrações penais de pequeno potencial ofensivo, onde caberá a vítima a fazer a representação, contudo há a atuação do Ministério Público na busca da conciliação, e também nesta é o Ministério Público, por ser titular da pretensão punitiva, que tem a palavra final.

5.19. Garantias dos membros da Instituição

O art. 128, § 5º, da Constituição Federal dispõe:

Art. 128. (...):

§ 5º Leis complementares da União e dos Estados, cuja iniciativa é facultada aos respectivos Procuradores-Gerais, estabelecerão a organização, as atribuições e o estatuto de cada Ministério Público, observadas, relativamente a seus membros:

I – as seguintes garantias:

a) vitaliciedade, após dois anos de exercício, não podendo perder o cargo senão por sentença judicial transitada em julgado;

b) inamovibilidade, salvo por motivo de interesse público, mediante decisão do órgão colegiado competente do Ministério Público, pelo voto da maioria absoluta de seus membros, assegurada ampla defesa;

c) irredutibilidade de subsídio, fixado na forma do art. 39, § 4º, e ressalvado o disposto nos arts. 37, X e XI, 150, II, 153, III, 153, § 2º, I;

5.19.1. Vitaliciedade

É adquirida após 2 anos de exercício, e decorrido este prazo o membro do Ministério Público só poderá perder o cargo mediante decisão definitiva transitada em julgado. Durante o estágio probatório a perda do cargo pó se dar por processo administrativo, onde é assegurado o contraditório e a ampla defesa. O corregedor acompanha o cumprimento do estágio probatório, e em caso de não aprovação propõe ao Conselho a exoneração do Membro. O Conselho decide sobre o cumprimento do estágio, e em caso de constatar a inaptidão, encaminha cópia da decisão ao Procurador-Geral para ser efetuada a exoneração.

5.19.2. Inamovibilidade

O membro do Ministério Publico é irremovível, em regra geral, de maneira que não pode ser removido compulsoriamente, salvo em caso de interesse público que deve ser cabalmente demonstrado.Trata-se de uma garantia não só ao membro da instituição, como também da sociedade, e decorre do Princípio do Promotor Natural. A remoção, portanto, pode se dar em três hipóteses:

1. A **remoção de oficio** – É a remoção feita por um órgão superior, que é o Procurador-Geral, que terá que justificar esta, provando o interesse público relevante

2. A **remoção a pedido** – É muito comum, e será deferida desde que atendida a conveniência do serviço. A fim de atender os interesses dos membros da instituição, por

ocasião do término de concurso, antes de serem nomeados os aprovados, inicia-se um processo de remoção interna apresentando-se o número de vagas existentes nas diversas localidades, e os interessados se inscrevem para remoção interna a pedido que serão deferidas pelo critério da Antiguidade.

3. **A remoção por permuta** – se dá com a previsão do art. 213 da Lei Complementar n. 75, entre membros que querem trocar de lotação.

Art. 213. A remoção por permuta será concedida mediante requerimento dos interessados.

Ressalte-se ainda, que A garantia da inamovibilidade não é garantia do cargo, mas também a garantia de exercer o cargo, o procurador tem o direito do exercício de suas funções institucionais

5.19.3. Irredutibilidade de subsídios

Consiste na garantia da não redução de seus vencimentos salvo as hipóteses legais. Trata-se de garantia assegurada a todos os ocupantes de cargos e empregos públicos conforme art. 39, § 4º, ressalvado o disposto nos arts. 37, X, XI, 150, II, 153, III, 153, § 2º.

5.20. Prerrogativas

Com a finalidade de assegurar ao Ministério Público a possibilidade de cumprirem com independência e autonomia suas funções institucionais servindo a coletividade, o legislador conferiu a seus membros prerrogativas institucionais e processuais.

Inicialmente, há que se deixar certo que não se deve confundir prerrogativas com privilégio. A **prerrogativa** decorre de lei de ordem pública.,trata-se de distinções que se ligam ao cargo no exercício da função, enquanto que **Privilégio,** trata-se de vantagem individual sem qualquer fundamento jurídico ferindo o princípio da igualdade.

5.20.1. Prerrogativas institucionais

O art. 18 da Lei Complementar n. 75/93 dispõe são prerrogativas Institucionais:

a) Sentar-se no mesmo plano e imediatamente á direita dos juízes singulares ou presidentes dos órgãos do judiciário, perante os quais oficiem;

b) usar vestes talares;

c) ter ingresso e trânsito livres, em razão de serviço, em qualquer recinto público ou privado, respeitada a garantia constitucional da inviolabilidade de domicílio;

d) a prioridade em qualquer meio de transporte ou comunicação público ou privado no território nacional, quando em serviço de caráter urgente;

e) o porte de arma, independentemente de autorização;

f) carteira de identidade especial, de acordo com o modelo aprovado pelo Procurador--geral da república e por ele expedida, nela se consignando as prerrogativas constantes do inciso I, alíneas *"c"*, *"d"*, e *"e"* do inciso II, alíneas *"d"*, *"e"*, e *"f"* deste artigo.

5.20.2. Prerrogativas processuais

a) do Procurador-Geral da República, ser processado e julgado, nos crimes comuns, pelo Supremo Tribunal Federal e pelo Senado Federal, nos crimes de responsabilidade;

b) do membro do Ministério Público da União que oficie perante tribunais, ser processado e julgado, nos crimes comuns e de responsabilidade, pelo Superior Tribunal de Justiça;

c) do membro do Ministério Público da União que oficie perante juízos de primeira instância, ser processado e julgado, nos crimes comuns e de responsabilidade, pelos Tribunais Regionais Federais, ressalvada a competência da Justiça Eleitoral;

d) ser preso ou detido somente por ordem escrita do tribunal competente ou em razão de flagrante de crime inafiançável, caso em que a autoridade fará imediata comunicação àquele tribunal e ao Procurador-Geral da República, sob pena de responsabilidade;

e) ser recolhido à prisão especial ou à sala especial de Estado-Maior, com direito a privacidade e à disposição do tribunal competente para o julgamento, quando sujeito a prisão antes da decisão final; e a dependência separada no estabelecimento em que tiver de ser cumprida a pena;

f) não ser indiciado em inquérito policial, observado o disposto no parágrafo único deste artigo;

g) ser ouvido, como testemunhas, em dia, hora e local previamente ajustados com o magistrado ou a autoridade competente;

h) receber intimação pessoalmente nos autos em qualquer processo e grau de jurisdição nos feitos em que tiver que oficiar. (Observe-se que a contagem de prazo tem inicio na data da oposição do ciente pelo representante do Ministério Público e, não da data da entrada do processo na procuradoria

Parágrafo único. Quando, no curso de investigação, houver indício da prática de infração penal por membro do Ministério Público da União, a autoridade policial, civil ou militar, remeterá imediatamente os autos ao Procurador-Geral da República, que designará membro do Ministério Público para prosseguimento da apuração do fato.

O art. 19 da mesma lei estabelece que o Procurador-Geral da República terá as mesmas honras e tratamento dos Ministros do Supremo Tribunal Federal; e os demais membros da instituição, as que forem reservadas aos magistrados perante os quais oficiem.

Outra prerrogativa vem elencada no art. 20 da Lei Complementar é que os órgãos do Ministério Público da União terão presença e palavra asseguradas em todas as sessões dos colegiados em que oficiem".

Também no art. 21 da Lei Complementar n. 75/93 se tem que as garantias e prerrogativas asseguradas são inerentes do exercício de suas funções e **irrenunciáveis**, por essa razão, os membros do Ministério Público têm o poder e o dever de defender essas prerrogativas, se não forem observados e exercitadas, o membro pode ser responsabilizado tamanha a importância das mesmas. Por fim, no parágrafo único do mesmo artigo tem-se certo que este rol de prerrogativas não é taxativo, pois não excluem outras estabelecidas em lei.

Conforme entendimento jurisprudencial dominante, essas prerrogativas são asseguradas aos membros da Instituição Ministério Público, tanto quando atuam na condição de órgão agente, quanto quando autuam na condição de *"custus legis"*.

Em caso de violação destas garantias e prerrogativas, é cabível Mandado de segurança a ser impetrado pela própria instituição

5.21. Deveres do membro do Ministério Público

A Lei Complementar n. 75/93 no art. 236, estabelece os deveres do Membro do Ministério Público da União, analisando o referido dispositivo legal, verifica-se que estes são auto-explicativos, e por essa razão transcrevemos abaixo:

"Art. 236. O membro do Ministério Público da União, em respeito à dignidade de suas funções e à da Justiça, deve observar as normas que regem o seu exercício e especialmente":

"I – cumprir os prazos processuais;

II – guardar segredo sobre assunto de caráter sigiloso que conheça em razão do cargo ou função;

III – velar por suas prerrogativas institucionais e processuais;

IV – prestar informações aos órgãos da administração superior do Ministério Público, quando requisitadas;

V – atender ao expediente forense e participar dos atos judiciais, quando for obrigatória a sua presença; ou assistir a outros, quando conveniente ao interesse do serviço;

VI – declarar-se suspeito ou impedido, nos termos da lei;

VII – adotar as providências cabíveis em face das irregularidades de que tiver conhecimento ou que ocorrerem nos serviços a seu cargo;

VIII – tratar com urbanidade as pessoas com as quais se relacione em razão do serviço;

IX – desempenhar com zelo e probidade as suas funções;

X – guardar decoro pessoal.

5.22. Impedimento e suspeição

É certo que o Ministério Público, diante da relevância das suas funções, deverá agir com isenção de ânimo, totalmente desinteressado no objeto do litígio quanto na vitória de qualquer das partes. Assim, o art. 238 da Lei Complementar n. 75/93 estabelece que os impedimentos e suspeições dos membros do Ministério Público são aqueles previstos em lei. Por outro lado, o art. 138 do Código de Processo Civil dispõe que aplica-se também aos membros do Ministério Público, as regras de impedimento e a suspeição elencadas nos arts. 134 e 135 daquele código podendo inclusive declarar-se suspeito por razões de foro íntimo.

Tem-se portanto, que é defeso ao membro do Ministério Público exercer suas funções em processo contencioso ou voluntário nas hipótese arroladas no art. 134 a saber:

I – de que for parte;

II – em que inteveio como mandatário da parte, oficiou como perito, funcionou como órgão do Ministério Público, ou prestou depoimento como testemunha;

III – que conheceu em primeiro grau de jurisdição, tendo-lhe proferido sentença ou decisão;

IV – quando nele estiver postulando, como advogado da parte, o seu cônjuge ou qualquer parente seu, consanguíneo ou afim, em linha reta; ou na linha colateral até o segundo grau;

V – quando cônjuge, parente, consanguíneo ou afim, de alguma das partes, em linha reta ou, na colateral, até o terceiro grau;

VI – quando for órgão de direção ou de administração de pessoa jurídica, parte na causa.

Parágrafo único. No caso do no IV, o impedimento só se verifica quando o advogado já estava exercendo o patrocínio da causa; é, porém, vedado ao advogado pleitear no processo, a fim de criar o impedimento do juiz.

Também se aplicam ao Ministério Público as disposições contidas no art. 135 do Código de Processo civil, onde estão arroladas as hipóteses de suspeição, que são:

Art. 135. Reputa-se fundada a suspeição de parcialidade do juiz, quando:

I – amigo íntimo ou inimigo capital de qualquer das partes;

II – alguma das partes for credora ou devedora do juiz, de seu cônjuge ou de parentes destes, em linha reta ou na colateral até o terceiro grau;

III – herdeiro presuntivo, donatário ou empregador de alguma das partes;

IV – receber dádivas antes ou depois de iniciado o processo; aconselhar alguma das partes acerca do objeto da causa, ou subministrar meios para atender às despesas do litígio;

V – interessado no julgamento da causa em favor de uma das partes.

Parágrafo único. Poderá ainda o juiz declarar-se suspeito por motivo íntimo.

5.23. Promotor ou Procurador *ad hoc*

As funções de Ministério Público só podem ser exercidas por integrantes da carreira, após aprovação em concurso público de provas e títulos, assegurada a participação do representante da Ordem dos Advogados do Brasil em todas as fases do certame, sendo proibida a figura do promotor *ad-hoc,* ou seja, o exercício das funções institucionais do Ministério Público, por pessoas estranhas a instituição.

5.24. Concurso de ingresso

O ingresso na carreira do Ministério Público far-se-á mediante concurso público de provas e títulos, com as seguintes condições impostas na Constituição:

a) assegura-se a participação da Ordem dos Advogados do Brasil em sua realização;

b) exigi-se do bacharel em direito, no mínimo, três anos de atividade jurídica;

c) deve-se observar, nas nomeações, a ordem de classificação.

5.25. Residência na Comarca

A Emenda Constitucional n. 45/2004 acrescentou o parágrafo no art. 129, de maneira que há a exigência de que o membro do Ministério Público resida na comarca da lotação, salvo autorização do chefe da instituição.

5.26. Responsabilidade penal, civil, administrativa dos membros do Ministério Público

Na atuação dos membros do Ministério Público, por vezes, podem causar lesões a direitos de terceiros, devendo ser analisada a questão da responsabilidade dos Membros do Ministério Público nas esferas civil, penal e administrativa.

5.26.1. Responsabilidade civil

O art. 37, VI, da Constituição Federal, prevê que o Estado responde objetivamente em face do chamado risco administrativo pelos atos praticados por seus agentes, que tragam prejuízos a terceiros, aqui, a responsabilidade é objetiva, mas o membro que causou a lesão, pode ter que responder regressivamente por esse dano, isso mediante culpa subjetiva.

No entanto, os membros do Ministério Público não podem ser civilmente responsabilizados pelos atos praticados no exercício da função, salvo nas hipóteses de improbidade administrativa e de prática de ato ilícito. É que esses membros são agentes políticos do Estado, não agentes públicos, trata-se de um órgão incumbido das relevantes funções de efetivação da ordem jurídica e da defesa da sociedade. Aplica-se, no entanto, o art. 85 do Código de Processo Civil, que diz que haverá responsabilidade civil, no caso de dolo ou fraude. Ressalte-se que são esses dois casos que justificam a responsabilidade civil, melhor esclarecendo, verifica-se que estes não respondem por simples culpa.

Ademais, não respondem os membros pessoalmente, nem a instituição, quem responde é o Estado, porque a Instituição não é órgão personalizado juridicamente, então a responsabilidade será da União, ou dos Estados, dependendo de qual é o ente a que está ligado o membro do Ministério Público.

Por oportuno transcrevemos o art. 85 do Código de Processo Civil:

> Art. 85. O órgão do Ministério Público será civilmente responsável quando, no exercício de suas funções, **proceder com dolo ou fraude**. (grifo nosso)

5.26.2. Responsabilidade penal

Pode ser responsabilizado pelo uso indevido de informações obtidas em seus procedimentos (art. 8, § 1º, da Lei Complementar n. 75), mas não se considera crime as funções desempenhadas no exercício das funções institucionais, diante do Princípio da Autonomia Funcional. Assim, desde que não tenha intenção dolosa de atingir a integridade moral do acusado, não responderá o membro do Ministério Público.

> Art. 8º Para o exercício de suas atribuições, o Ministério Público da União poderá, nos procedimentos de sua competência:
>
> § 1º O membro do Ministério Público será civil e criminalmente responsável pelo uso indevido das informações e documentos que requisitar; a ação penal, na hipótese poderá ser proposta também pelo ofendido, subsidiariamente, na forma da lei processualpenal.

5.26.3. Responsabilidade administrativa

A Lei Complementar n. 75, no art. 239 e seguintes, estabelece as sanções administrativas que podem ser impostas aos membros do Ministério Público dispondo:

Art. 239. Os membros do Ministério Público são passíveis das seguintes sanções disciplinares:

I – advertência;

II – censura;

III – suspensão;

IV – demissão; e

V – cassação de aposentadoria ou de disponibilidade".

Art. 240. As sanções previstas no artigo anterior serão aplicadas:

I – a de **advertência**, reservadamente e por escrito, em caso de negligência no exercício das funções;

II – a de **censura**, reservadamente e por escrito, em caso de reincidência em falta anteriormente punida com advertência ou de descumprimento de dever legal;

III – a de **suspensão**, até quarenta e cinco dias, em caso de reincidência em falta anteriormente punida com censura;

IV – a de **suspensão**, de quarenta e cinco a noventa dias, em caso de inobservância das vedações impostas por esta lei complementar ou de reincidência em falta anteriormente punida com suspensão até quarenta e cinco dias;

V – as de **demissão**, nos casos de:

a) lesão aos cofres públicos, dilapidação do patrimônio nacional ou de bens confiados à sua guarda;

b) improbidade administrativa, nos termos do art. 37, § 4º, da Constituição Federal;

c) condenação por crime praticado com abuso de poder ou violação de dever para com a Administração Pública, quando a pena aplicada for igual ou superior a dois anos;

d) incontinência pública e escandalosa que comprometa gravemente, por sua habitualidade, a dignidade da Instituição;

e) abandono de cargo;

f) revelação de assunto de caráter sigiloso, que conheça em razão do cargo ou função, comprometendo a dignidade de suas funções ou da justiça;

g) aceitação ilegal de cargo ou função pública;

h) reincidência no descumprimento do dever legal, anteriormente punido com a suspensão prevista no inciso anterior;

VI – **cassação de aposentadoria ou de disponibilidade**, nos casos de falta punível com demissão, praticada quando no exercício do cargo ou função.

§ 1º A suspensão importa, enquanto durar, na perda dos vencimentos e das vantagens pecuniárias inerentes ao exercício do cargo, vedada a sua conversão em multa.

§ 2º Considera-se reincidência, para os efeitos desta lei complementar, a prática de nova infração, dentro de quatro anos após cientificado o infrator do ato que lhe tenha imposto sanção disciplinar.

§ 3º Considera-se abandono do cargo a ausência do membro do Ministério Público ao exercício de suas funções, sem causa justificada, por mais de trinta dias consecutivos.

§ 4º Equipara-se ao abandono de cargo a falta injustificada por mais de sessenta dias intercalados, no período de doze meses.

§ 5º A demissão poderá ser convertida, uma única vez, em suspensão, nas hipóteses previstas nas alíneas a e h do inciso V, quando de pequena gravidade o fato ou irrelevantes os danos causados, atendido o disposto no art. 244. (grifo nosso)

Tem-se, portanto que as punições administrativas são: advertência; censura; suspensão das atividades; demissão; e cassação de aposentadoria ou de disponibilidade, no entanto a apuração da infração será feita por meio de processo administrativo com a permissão do contraditório e da ampla defesa do membro acusado. Importa ainda dizer que a demissão, a cassação de aposentadoria ou disponibilidade somente podem ocorrer mediante decisão judicial, enquanto que a advertência, a censura e a suspensão serão apuradas mediante procedimento administrativo. Por fim, Quando se tratar e cassação de aposentadoria ou disponibilidade e demissão aplicam-se às prerrogativas de foro. Também se tem certo que quanto ao Procurador-Geral da República a competência para julgamento é do Supremo Tribunal Federal, e quanto ao membros que atuam na esfera federal é competência do Superior Tribunal de Justiça, e se tratar de membros que atuam na Primeira Instância é da competência dos juízes federais.

5.27. Das funções exercidas pelo Ministério Público

No exercício da sua função institucional assegurada pela Constituição federal e pelas leis, o Ministério Público exerce funções típicas e funções atípicas.

5.27.1. Funções típicas

Podem ser entendidas aquelas funções próprias, normais ou peculiares a instituição por exemplo, a de instaurar inquéritos e procedimentos para investigação, a respeito das denúncias e investigações que lhe são apresentadas, as ações penais como prerrogativa e as ações civis, aqui, de forma concorrente com outros legitimados etc.

5.27.2. Funções atípicas

São aquelas acometidas a instituição, mas que não são comuns com suas funções institucionais, não são normais do dia a dia, podemos citar como exemplo: a representação judicial assistência judiciária aos necessitados, onde não houver órgãos próprios, outra função atípica é a prevista no art. 477, § 3º, onde se tem que o Ministério Público pode atuar na assistência de homologação das rescisões contratuais dos trabalhadores com mais de um ano de serviço.

Art. 477 – (...)

§ 3º Quando não existir na localidade nenhum dos órgãos previstos neste artigo, a assistência será prestada pelo Represente do Ministério Público ou, onde houver, pelo Defensor Público e, na falta ou impedimento deste, pelo Juiz de Paz.

Também é função atípica a assistência judiciária trabalhista na forma da Lei n. 5.584/70, no art. 17 no âmbito da Justiça do Trabalho. Outra hipótese é a da substituição processuais do Ministério Público dão nas ações *"ex delictu"*. Art. 9, II, § 2º, do CP.

5.28. Funções institucionais do Ministério Público da União

A Lei Orgânica do Ministério Público da União, art. 5º e seguintes, enumera as funções institucionais do Ministério Público da União. Da análise do referido dispositivo legal verifica-se que o legislador infra constitucional,desmembra as atribuições previstas no art. 127 da Constituição Federal. e estabelece os fundamentos e princípios que devem, também, ser tutelados pelo Ministério Público da União.

Art. 5º São funções institucionais do Ministério Público da União:

I – a defesa da ordem jurídica, do regime democrático, dos interesses sociais e dos interesses individuais indisponíveis, considerados, dentre outros, os seguintes fundamentos e princípios:

a) a soberania e a representatividade popular;

b) os direitos políticos;

c) os objetivos fundamentais da República Federativa do Brasil;

d) a indissolubilidade da União;

e) a independência e a harmonia do Poderes da União;

f) a autonomia dos Estados, do Distrito Federal e dos Municípios;

g) as vedações impostas à União, aos Estados, ao Distrito Federal e aos Municípios;

h) a legalidade, a impessoalidade, a moralidade e a publicidade relativas à administração pública direta, indireta ou fundacional, de qualquer dos Poderes da União;

II – zelar pela observância dos princípios constitucionais relativos:

a) ao sistema tributário, às limitações do poder de tributar, à repartição do poder impositivo e das receitas tributárias e aos direitos do contribuinte;

b) às finanças públicas;

c) à atividade econômica, à política urbana, agrícola, fundiária e de reforma agrária e ao sistema financeiro nacional;

d) à seguridade social, à educação, à cultura e ao desporto, à ciência e à tecnologia, à comunicação social e ao meio ambiente.

III – a defesa dos seguintes bens e interesse:

a) o patrimônio nacional;

b) o patrimônio público e social;

c) o patrimônio cultural brasileiro;

d) o meio ambiente;

e) os direitos e interesses coletivos, especialmente das comunidades indígenas, da família, da criança, do adolescente e do idoso.

IV – zelar pelo efetivo respeito dos Poderes Público da União, dos serviços de relevância pública e dos meios de comunicação social aos princípios, garantias, condições, direitos, deveres e vedações previstos na Constituição Federal e na lei, relativos à comunicação social;

V – zelar pelo efetivo respeito dos Poderes Público da União e dos serviços de relevância pública quanto:

a) aos direitos assegurados na Constituição Federal relativos às ações e aos serviços de saúde e à educação;

b) aos princípios da legalidade, da impessoalidade, da moralidade e da publicidade.

VI – exercer outras funções previstas na Constituição Federal e na Lei".

No art. 6º, cuida dos Instrumentos de Atuação, deixando certo que o rol da Constituição Federal e da Lei Orgânica do Ministério Público da União não é taxativo (art. 129, IX), podem ser exercidas outras funções, desde que compatíveis com sua finalidade.

5.29. Ministério Público do Trabalho

5.29.1. Considerações gerais

O Ministério Público do Trabalho é ramo do Ministério Público da União, que tem legitimidade para atuar perante a Justiça do Trabalho na defesa dos interesses difusos, coletivos, individuais homogêneos, sociais e indisponíveis dos trabalhadores. O art. 83 e seguintes, da Lei Orgânica do Ministério Público da União, dispõem sobre a competência, os órgãos e a carreira do Ministério Público do Trabalho.

Conforme nos ensina o ilustre jurista Ives Gandra da Silva Martins Filho em artigo publicado na revista n. 13 do Ministério Público do Trabalho, intitulado "Um pouco da História do Ministério Público do Trabalho, "a história do Ministério Público do Trabalho se confunde com a própria história da Justiça do Trabalho" e por essa razão, de início, era um órgão integrado ao Ministério da Agricultura, Industria e Comércio, e os procuradores tinham como função básica emitir pareceres nos processos em trâmite perante aquele órgão integrante do Poder executivo,

A doutrina nos ensina que o Ministério Público do trabalho teve sua evolução histórica paralela a da Justiça do Trabalho. Em 30 de janeiro de 1951, quando foi promulgada a Lei Orgânica do Ministério Público da União (Lei n. 1.341/51) passou a integrar esse ramo do Ministério Público, sendo certo ainda que no ano de 1956 teve editado seu primeiro Regulamento próprio, Decreto n. 40.359/56, no entanto, sua independência e autonomia como órgão adveio com a Constituição Federal de 1988.

5.29.2. Órgãos do Ministério Público do Trabalho

O art. 85 da Lei Complementar n. 75/93 estabelece que **são órgãos** do Ministério Público do Trabalho:

— Procurador-Geral do Trabalho;

— Colégio de Procuradores do Trabalho;

— Conselho Superior do Ministério Público do Trabalho;

— Câmara de Coordenação e Revisão;

— Corregedoria do Ministério Público do Trabalho;

— Subprocuradores Gerais do Trabalho;

— Procurador Regional do Trabalho;

— Procurador do Trabalho.

5.29.3. Procurador-Geral do Trabalho

O Procurador-Geral do Trabalho é tratado nos arts. 87 e 88 da Lei Complementar n. 75/93 onde se tem que este é o chefe do Ministério Público do Trabalho, indicado pelo Procurador-Geral da República, dentre os integrantes da instituição, maior de 35 anos, constante de lista tríplice, escolhido mediante voto plurinominal, facultativo e secreto, pelo colégio de procuradores. A mencionada lei complementar deixa certo, ainda, que na hipótese de não haver número suficiente de candidatos com mais de cinco anos na carreira, poderá concorrer à lista tríplice quem contar mais de dois anos na carreira Vejamos :

> Art. 87. O Procurador-Geral do Trabalho é o Chefe do Ministério Público do Trabalho.
>
> Art. 88. O Procurador-Geral do Trabalho será nomeado pelo Procurador-Geral da República, dentre integrantes da instituição, com mais de trinta e cinco anos de idade e de cinco anos na carreira, integrante de lista tríplice escolhida mediante voto plurinominal, facultativo e secreto, pelo Colégio de Procuradores para um mandato de dois anos, permitida uma recondução, observado o mesmo processo. Caso não haja número suficiente de candidatos com mais de cinco anos na carreira, poderá concorrer à lista tríplice quem contar mais de dois anos na carreira.

5.29.4. Nomeação do Vice-Procurador do Trabalho

O art. 89 da Lei Complementar n. 75/93 estabelece que "O Procurador-Geral do Trabalho designará, dentre os Subprocuradores-Gerais do Trabalho, o Vice-Procurador-Geral do Trabalho, que o substituirá em seus impedimentos. Em caso de vacância, exercerá o cargo o Vice-Presidente do Conselho Superior, até o seu provimento definitivo".

5.29.5. Mandato do Procurador-Geral do Trabalho

Dois (2) anos, facultada uma recondução, devendo ser observado o mesmo processo.

5.29.6. Exoneração

Conforme disposto ainda no parágrafo único do art. 88 da Lei Complementar n. 75/93. a exoneração antes do término do mandato, será proposta ao Procurador-Geral da República pelo Conselho Superior do Ministério Público do Trabalho mediante deliberação, por voto secreto, de 2/3 de seus membros.

A competência e as atribuições do Procurador-Geral do Trabalho são tratadas nos arts. 90, 91 e 92 da Lei Complementar n. 75/93, que transcrevemos abaixo:

> Art. 90. Compete ao Procurador-Geral do Trabalho exercer as funções atribuídas ao Ministério Público do Trabalho junto ao Plenário do Tribunal Superior do Trabalho, propondo as ações cabíveis e manifestando-se nos processos de sua competência.
>
> Art. 91. São atribuições do Procurador-Geral do Trabalho:

I – representar o Ministério Público do Trabalho;

II – integrar, como membro nato, e presidir o Colégio de Procuradores do Trabalho, o Conselho Superior do Ministério Público do Trabalho e a Comissão de Concurso;

III – nomear o Corregedor-Geral do Ministério Público do Trabalho, segundo lista tríplice formada pelo Conselho Superior;

IV – designar um dos membros e o Coordenador da Câmara de Coordenação e Revisão do Ministério Público do Trabalho;

V – designar, observados os critérios da lei e os estabelecidos pelo Conselho Superior, os ofícios em que exercerão suas funções os membros do Ministério Público do Trabalho;

VI – designar o Chefe da Procuradoria Regional do Trabalho dentre os Procuradores Regionais do Trabalho lotados na respectiva Procuradoria Regional;

VII – decidir, em grau de recurso, os conflitos de atribuição entre os órgãos do Ministério Público do Trabalho;

VIII – determinar a abertura de correição, sindicância ou inquérito administrativo;

IX – determinar a instauração de inquérito ou processo administrativo contra servidores dos serviços auxiliares;

X – decidir processo disciplinar contra membro da carreira ou servidor dos serviços auxiliares, aplicando as sanções que sejam de sua competência;

XI – decidir, atendendo a necessidade do serviço, sobre:

a) remoção a pedido ou por permuta;

b) alteração parcial da lista bienal de designações;

XII – autorizar o afastamento de membros do Ministério Público do Trabalho, ouvido o Conselho Superior, nos casos previstos em lei;

XIII – dar posse aos membros do Ministério Público do Trabalho;

XIV – designar membro do Ministério Público do Trabalho para:

a) funcionar nos órgãos em que a participação da Instituição seja legalmente prevista, ouvido o Conselho Superior;

b) integrar comissões técnicas ou científicas, relacionadas às funções da Instituição, ouvido o Conselho Superior;

c) assegurar a continuidade dos serviços, em caso de vacância, afastamento temporário, ausência, impedimento ou suspeição do titular, na inexistência ou falta do substituto designado;

XV – homologar, ouvido o Conselho Superior, o resultado do concurso para ingresso na carreira;

XVI – fazer publicar aviso de existência de vaga, na lotação e na relação bienal de designações;

XVII – propor ao Procurador-Geral da República, ouvido o Conselho Superior, a criação e extinção de cargos da carreira e dos ofícios em que devam ser exercidas suas funções;

XVIII – elaborar a proposta orçamentária do Ministério Público do Trabalho, submetendo-a, para aprovação, ao Conselho Superior;

XIX – encaminhar ao Procurador-Geral da República a proposta orçamentária do Ministério Público do Trabalho, após sua aprovação pelo Conselho Superior;

XX – organizar a prestação de contas do exercício anterior, encaminhando-a ao Procurador-Geral da República;

XXI – praticar atos de gestão administrativa, financeira e de pessoal;

XXII – elaborar o relatório de atividades do Ministério Público do Trabalho;

XXIII – coordenar as atividades do Ministério Público do Trabalho;

XXIV – exercer outras atribuições previstas em lei.

Art. 92. As atribuições do Procurador-Geral do Trabalho, previstas no artigo anterior, poderão ser delegadas:

I – ao Coordenador da Câmara de Coordenação e Revisão, as dos incisos XIV, alínea c, e XXIII;

II – aos Chefes das Procuradorias Regionais do Trabalho nos Estados e no Distrito Federal, as dos incisos I, XIV, alínea c, XXI e XXIII.

5.29.7. Colégio de Procuradores

O Colégio de Procuradores do Trabalho é presidido pelo Procurador-Geral do Trabalho e é integrado por todos os membros da carreira, em atividade no Ministério Público do Trabalho.

5.29.8. Atribuições do Colégio de Procuradores

As atribuições do Colégio de Procuradores vêm tratadas no art. 94 da Lei Complementar n. 75/93, e consiste em: votar na formação de lista tríplice para escolha do Procurador-Geral do Trabalho, votar na formação da lista sêxtupla dos membros que concorrem a uma vaga, decorrente do quinto constitucional, para integrar como juiz, o Tribunal Superior do Trabalho e o Tribunal Regional do Trabalho, e ainda nos 4 integrantes do Conselho do Ministério Público do Trabalho. Por oportuno transcrevemos abaixo os dispositivos legais que dizem respeito ao colégio de Procuradores:

Art. 94. São atribuições do Colégio de Procuradores do Trabalho:

I – elaborar, mediante voto plurinominal, facultativo e secreto, a lista tríplice para a escolha do Procurador-Geral do Trabalho;

II – elaborar, mediante voto plurinominal, facultativo e secreto, a lista sêxtupla para a composição do Tribunal Superior do Trabalho, sendo elegíveis os membros do Ministério Público do Trabalho com mais de dez anos na carreira, tendo mais de trinta e cinco e menos de sessenta e cinco anos de idade;

III – elaborar, mediante voto plurinominal, facultativo e secreto, a lista sêxtupla para os Tribunais Regionais do Trabalho, dentre os Procuradores com mais de dez anos de carreira;

IV – eleger, dentre os Subprocuradores-Gerais do Trabalho e mediante voto plurinominal, facultativo e secreto, quatro membros do Conselho Superior do Ministério Público do Trabalho.

§ 1º Para os fins previstos nos incisos deste artigo, prescindir-se-á de reunião do Colégio de Procuradores, procedendo-se segundo dispuser o seu Regimento Interno, exigido o voto da maioria absoluta dos eleitores.

§ 2º Excepcionalmente, em caso de interesse relevante da Instituição, o Colégio de Procuradores reunir-se-á em local designado pelo Procurador-Geral do Trabalho, desde que convocado por ele ou pela maioria de seus membros.

§ 3º O Regimento Interno do Colégio de Procuradores do Trabalho disporá sobre seu funcionamento.

5.30. Conselho Superior do Ministério Público

O Conselho Superior do Ministério Público do Trabalho tem sua composição, estabelecida no art. 95 da Lei Complementar n. 75/93, que prevê que comporão o Conselho Superior do Ministério Público:

— O Procurador-Geral do Trabalho e Vice Procurador-Geral do Trabalho (membros natos);

— 04 Subprocuradores do Trabalho, escolhidos pelo Colégio de Procuradores;

— 04 Subprocuradores do Trabalho, escolhidos entre os Subprocuradores.

O Conselho é quem escolhe o Vice-Presidente do Conselho.

5.31. Atribuições do Conselho de Procuradores do Trabalho

As atribuições do Conselho Superior do Ministério Público, vêm elencadas no art. 98 da Lei Complementar n. 75/93, e da análise do referido dispositivo verificamos que o Conselho tem funções normativas e administrativas:

1. Normativa

— Aprovar e elaborar Regimento Interno do Conselho, do Colégio de procuradores e da Câmara;

— Aprovar e elaborar as Normas dos Concursos; Normas sobre designações; Critérios de distribuição; Critérios de Promoção; Procedimentos para avaliar estagio probatório.

2. Administrativas ou seja:

— Indicar os integrantes da Câmara de Coordenação e Revisão.

— Propor a exoneração do Procurador-Geral do Trabalho e do Corregedor por votos de 2/3 de seus membros.

— Elaborar lista tríplice de Promoções por mérito e para escolha do Corregedor.

— Indicar membros para promoção por antiguidade e para funcionar nos órgãos em que a Participação seja legalmente prevista.

— Opinar sobre o afastamento dos membros e outras atribuições previstas no art. 95 da Lei Complementar n. 75/93.

Diante da relevância das atribuições do conselho, e ainda para facilitar a fixação, transcrevemos os dispositivos legais:

Art. 98. Compete ao Conselho Superior do Ministério Público do Trabalho:

I – exercer o poder normativo no âmbito do Ministério Público do Trabalho, observados os princípios desta lei complementar, especialmente para elaborar e aprovar:

a) o seu Regimento Interno, o do Colégio de Procuradores do Trabalho e o da Câmara de Coordenação e Revisão do Ministério Público do Trabalho;

b) as normas e as instruções para o concurso de ingresso na carreira;

c) as normas sobre as designações para os diferentes ofícios do Ministério Público do Trabalho;

d) os critérios para distribuição de procedimentos administrativos e quaisquer outros feitos, no Ministério Público do Trabalho;

e) os critérios de promoção por merecimento na carreira;

f) o procedimento para avaliar o cumprimento das condições do estágio probatório;

II – indicar os integrantes da Câmara de Coordenação e Revisão do Ministério Público do Trabalho;

III – propor a exoneração do Procurador-Geral do Trabalho;

IV – destituir, por iniciativa do Procurador-Geral do Trabalho e pelo voto de dois terços de seus membros, antes do término do mandato, o Corregedor-Geral;

V – elaborar a lista tríplice destinada à promoção por merecimento;

VI – elaborar a lista tríplice para Corregedor-Geral do Ministério Público do Trabalho;

VII – aprovar a lista de antiguidade do Ministério Público do Trabalho e decidir sobre as reclamações a ela concernentes;

VIII – indicar o membro do Ministério Público do Trabalho para promoção por antiguidade, observado o disposto no art. 93, II, alínea d, da Constituição Federal;

IX – opinar sobre a designação de membro do Ministério Público do Trabalho para:

a) funcionar nos órgãos em que a participação da Instituição seja legalmente prevista;

b) integrar comissões técnicas ou científicas relacionadas às funções da Instituição;

X – opinar sobre o afastamento temporário de membro do Ministério Público do Trabalho;

XI – autorizar a designação, em caráter excepcional, de membros do Ministério Público do Trabalho, para exercício de atribuições processuais perante juízos, tribunais ou ofícios diferentes dos estabelecidos para cada categoria;

XII – determinar a realização de correições e sindicâncias e apreciar os relatórios correspondentes;

XIII – determinar a instauração de processos administrativos em que o acusado seja membro do Ministério Público do Trabalho, apreciar seus relatórios e propor as medidas cabíveis;

XIV – determinar o afastamento do exercício de suas funções, de membro do Ministério Público do Trabalho, indiciado ou acusado em processo disciplinar, e o seu retorno;

XV – designar a comissão de processo administrativo em que o acusado seja membro do Ministério Público do Trabalho;

XVI – decidir sobre o cumprimento do estágio probatório por membro do Ministério Público do Trabalho, encaminhando cópia da decisão ao Procurador-Geral da República, quando for o caso, para ser efetivada sua exoneração;

XVII – decidir sobre remoção e disponibilidade de membro do Ministério Público do Trabalho, por motivo de interesse público;

XVIII – autorizar, pela maioria absoluta de seus membros, que o Procurador-Geral da República ajuíze a ação de perda de cargo contra membro vitalício do Ministério Público do Trabalho, nos casos previstos em lei;

XIX – opinar sobre os pedidos de reversão de membro da carreira;

XX – aprovar a proposta de lei para o aumento do número de cargos da carreira e dos ofícios;

XXI – deliberar sobre a realização de concurso para o ingresso na carreira, designar os membros da Comissão de Concurso e opinar sobre a homologação dos resultados;

XXII – aprovar a proposta orçamentária que integrará o projeto de orçamento do Ministério Público da União;

XXIII – exercer outras funções atribuídas em lei.

§ 1º Aplicam-se ao Procurador-Geral e aos demais membros do Conselho Superior as normas processuais em geral, pertinentes aos impedimentos e suspeição dos membros do Ministério Público.

§ 2º As deliberações relativas aos incisos I, alíneas a e e, XI, XIII, XIV, XV e XVII somente poderão ser tomadas com o voto favorável de dois terços dos membros do Conselho Superior.

5.32. Câmara de Coordenação de Revisão

A Câmara de Coordenação e Revisão do Ministério Público do Trabalho vem tratada no art. 99 da Lei Complementar 75/93, trata-se de um órgão de Coordenação, integração e Revisão do exercício funcional.dos membros

É composta por três membros, sendo um indicado pelo Procurador-Geral do Trabalho; e dois indicados pelo Conselho Superior., sempre que possível entre os Subprocuradores.

O Coordenador da Câmara de Coordenação e Revisão é o membro indicado pelo Procurador-Geral do Trabalho

As Atribuições da Câmara de Coordenação e revisão é tratada no art. 103 da Lei Complementar n. 75/93, onde se tem:

Art. 103. Compete à Câmara de Coordenação e Revisão do Ministério Público do Trabalho:

I – promover a integração e a coordenação dos órgãos institucionais do Ministério Público do Trabalho, observado o princípio da independência funcional;

II – manter intercâmbio com órgãos ou entidades que atuem em áreas afins;

III – encaminhar informações técnico-jurídicas aos órgãos institucionais do Ministério Público do Trabalho;

IV – resolver sobre a distribuição especial de feitos e procedimentos, quando a matéria, por sua natureza ou relevância, assim o exigir;

V – resolver sobre a distribuição especial de feitos, que por sua contínua reiteração, devam receber tratamento uniforme;

VI – decidir os conflitos de atribuição entre os órgãos do Ministério Público do Trabalho.

Parágrafo único. A competência fixada nos incisos IV e V será exercida segundo critérios objetivos previamente estabelecidos pelo Conselho Superior.

5.33. Corregedor

O art. 104 da Lei Complementar n. 75/93, cuida da regulamentação do Corregedor do Ministério Público do Trabalho, órgão incumbido da fiscalização das atividades e conduta dos membros do Ministério Público do Trabalho.

A escolha do Corregedor é feita pelo Procurador-Geral do Trabalho sendo certo que o Conselho Superior elabora uma lista tríplice entre os Subprocuradores do Trabalho e o Procurador-Geral do Trabalho escolhe um dos integrantes da lista.

Mandato: 02 (dois) anos, permitida uma recondução.

Em relação ao Corregedor do Ministério Público, é importante ressaltar as seguintes peculiaridades:

— Não pode ser nomeado corregedor os membros do Conselho Superior do Ministério Público do Trabalho.

— Pode participar, sem direito a voto, das reuniões do Conselho Superior do Ministério Público do Trabalho;

— O Corregedor-Geral poderá ser destituído, por iniciativa do Procurador-Geral, antes do término do mandato, pelo voto de dois terços dos membros do Conselho Superior.

Serão suplentes do Corregedor-Geral os demais integrantes da lista tríplice, na ordem em que os designar o Procurador-Geral.

5.34. Atribuição do Corregedor-Geral do Trabalho

As atribuições do Corregedor-Geral do Trabalho vêm previstas no art. 106 da LC. n. 75/93 que assim dispõe:

Art. 106. Incumbe ao Corregedor-Geral do Ministério Público:

I – participar, sem direito a voto, das reuniões do Conselho Superior;

II – realizar, de ofício ou por determinação do Procurador-Geral ou do Conselho Superior, correições e sindicâncias, apresentando os respectivos relatórios;

III – instaurar inquérito contra integrante da carreira e propor ao Conselho Superior a instauração do processo administrativo consequente;

IV – acompanhar o estágio probatório dos membros do Ministério Público do Trabalho;

V – propor ao Conselho Superior a exoneração de membro do Ministério Público do Trabalho que não cumprir as condições do estágio probatório.

5.35. Subprocurador-Geral do Trabalho

O subprocurador-geral do Trabalho é lotado na Procuradoria Geral do Trabalho, e tem atuação perante o Tribunal Superior do Trabalho Em caso de vaga ou de afastamento de Subprocurador-Geral do Trabalho por prazo superior a trinta dias, poderá ser convocado pelo Procurador-Geral, mediante aprovação do Conselho Superior, Procurador Regional do Trabalho para substituição.

Na forma do disposto no art. 108 da Lei Complementar n. 75/93, tem competência privativa para o exercício de cargos de corregedor e coordenador da Câmara de Coordenação e Revisão:

Art. 108. Cabe aos Subprocuradores-Gerais do Trabalho, privativamente, o exercício das funções de:

I – Corregedor-Geral do Ministério Público do Trabalho;

II – Coordenador da Câmara de Coordenação e Revisão do Ministério Público do Trabalho.

Art. 109. Os Subprocuradores-Gerais do Trabalho serão lotados nos ofícios na Procuradoria-Geral do Trabalho.

5.35. Procuradores Regionais do Trabalho

Conforme disposto no art. 110 da Lei Complementar n. 75/93, os Procuradores Regionais do Trabalho oficiam junto aos Tribunais Regionais do Trabalho e são lotados nas Procuradorias Regionais do Trabalho nos Estados e no Distrito Federal.

O parágrafo único do mesmo artigo estabelece que em caso de vaga ou de afastamento de Subprocurador-Geral do Trabalho por prazo superior a trinta dias, o Procurador Regional do Trabalho poderá ser convocado pelo Procurador-Geral do Trabalho, mediante aprovação do Conselho Superior, para substituição.

5.36. Procuradores do Trabalho

O art. 112 da Lei Complementar n. 75/93, trata dos Procuradores do Trabalho dispondo que serão designados para funcionar junto aos Tribunais Regionais do Trabalho e, na forma das leis processuais, nos litígios trabalhistas que envolvam, especialmente, interesses de menores e incapazes.

Da análise do contido nos artigos supra referidos verifica-se, que somente os Procuradores do Trabalho é que estão legitimados a funcionar perante os órgãos de primeira instância. Os Procuradores Regionais e os Sub-Procuradores estão impedidos de fazê-lo, salvo se, cumulativamente, houver interesse do serviço devidamente justificado, e anuência do membro designado, e autorização do Conselho Superior do Ministério Público, conforme dispõe o art. 214 e parágrafo único da Lei Complementar n. 75/93, abaixo transcrito:

Art. 214. A designação é o ato que discrimina as funções que sejam compatíveis com as previstas nesta lei complementar, para cada classe das diferentes carreiras.

Parágrafo único. A designação para o exercício de funções diferentes das previstas para cada classe, nas respectivas carreiras, somente será admitida por interesse do serviço, exigidas a anuência do designado e a autorização do Conselho Superior.

5.37. Conflito de atribuição

Havendo conflito de atribuição o mesmo deverá ser solucionado de acordo com a Lei Orgânica do Ministério Público, e que pode ser assim sintetizado:

a) cabe ao Procurador da República decidir conflito entre membros de ramos diferentes do Ministério Público da União;

b) cabe a Câmara de Coordenação e Revisão do respectivo ramo do Ministério Público da União decidir conflitos entre membros desse ramo, com recurso ao respectivo Procurador-Geral;

c) cabe ao Procurador-Geral de Justiça dos Estados decidir os conflitos entre membros da respectiva instituição;

d) em caso de conflito entre membros do Ministérios Públicos diversos, não vinculados ao mesmo Procurador-Geral (por exemplo, de um Estado e de outro Estado, ou de um Estado e um Procurador da República), o STF tem entendido caber a solução do conflito ao STJ, analogicamente ao que ocorre com o conflito entre juízes de Tribunais diferentes (art. 105, I, *"d"*, da CF; *Informativo STF* ns. 284 e 290).

As suspeições e os impedimentos, por sua vez, quando ocorram em autos de processos judiciais, a lei processual impõe sejam resolvidos pelo Poder Judiciário.

5.38. Formas de atuação dos Membros do Ministério Público do Trabalho

Conforme estabelece a norma constitucional vigente, o Ministério Público do Trabalho está legitimado a atuar de forma judicial e extrajudicial.

5.38.1. Atuação Judicial do Ministério Público do Trabalho

A atuação judicial do Ministério Público do Trabalho está descrita no art. 83 da Lei Complementar n. 75/1993, conforme abaixo descrito:

Art. 83. Compete ao Ministério Público do Trabalho o exercício das seguintes atribuições junto aos órgãos da Justiça do Trabalho:

I – promover as ações que lhe sejam atribuídas pela Constituição Federal e pelas leis trabalhistas;

II – manifestar-se em qualquer fase do processo trabalhista, acolhendo solicitação do Juiz ou por sua iniciativa, quando entender existente interesse público que justifique a intervenção;

III – promover a ação civil pública no âmbito da Justiça do Trabalho, para defesa de interesses coletivos, quando desrespeitados os direitos sociais constitucionalmente garantidos;

IV – propor as ações cabíveis para declaração de nulidade de cláusula de contrato, acordo coletivo ou convenção coletiva que viole as liberdades individuais ou coletivas ou os direitos individuais indispensáveis aos trabalhadores;

V – propor as ações necessárias à defesa dos direitos e interesses dos menores incapazes e índios, decorrentes das relações de trabalho;

VI – recorrer das decisões da Justiça do Trabalho, quando entender necessário, tanto nos processos em que for parte, naqueles em que oficiar como fiscal da lei, bem como pedir revisão dos Enunciados da Súmula de Jurisprudência do Tribunal Superior do Trabalho;

VII – funcionar nas sessões dos Tribunais Trabalhistas, manifestando-se verbalmente sobre a matéria em debate, sempre que entender necessário, sendo-lhe assegurado o direito de vista dos processos em julgamento, podendo solicitar as requisições e diligências que julgar conveniente;

VIII – instaurar instâncias em caso de greve, quando a defesa da ordem jurídica ou o interesse público assim o exigir;

IX – promover ou participar da instrução e conciliação em dissídios decorrentes da paralisação de serviços de qualquer natureza, oficiando obrigatoriamente nos processos, manifestando sua concordância ou discordância em eventuais acordos firmados antes da homologação, resguardado o direito de recorrer em caso de violação à lei e à Constituição Federal;

X – promover mandado de injunção, quando a competência for da Justiça do Trabalho;

XI – atuar como árbitro, se assim for solicitado pelas partes, nos dissídios de competência da Justiça do Trabalho; (atuação extra-judicial)

XII – requerer as diligências que julgar convenientes para o correto andamento dos processos e para a melhor solução das lides trabalhistas;

XIII – intervir obrigatoriamente em todos os feitos nos segundo e terceiro graus de jurisdição da Justiça do Trabalho quando a parte for pessoa jurídica de Direito Público, Estado Estrangeiro ou organismo internacional".

Tem-se, portanto, que no cumprimento de suas funções institucionais de defesa da ordem jurídica e do interesse público, o Ministério Público do Trabalho poderá atuar judicialmente tanto como órgão agente (autor) em ações que envolvam conflitos trabalhistas (decorrentes de contrato de trabalho), ou poderá atuar como órgão interveniente nos processos trabalhistas em curso, conforme se verifica abaixo.

5.38.2. Atuação como Órgão agente

Como órgão agente o Ministério Público do trabalho tem legitimidade para :

a) **promover as ações que lhes sejam atribuídas pela Constituição Federal** e pelas leis trabalhistas;

b) promover a **ação civil pública** no âmbito da Justiça do Trabalho, para defesa de interesses difusos e coletivos, quando desrespeitados os direitos sociais constitucionalmente garantidos; e a **ação civil coletiva para** a defesa de direitos individuais homogêneos;

c) propor as **ações cabíveis para declaração de nulidade** de cláusula de contrato, acordo coletivo ou convenção coletiva que viole as liberdades individuais ou coletivas ou os direitos individuais indisponíveis dos trabalhadores;

d) propor as **ações necessárias à defesa dos direitos e interesses dos menores, incapazes e índios**, decorrentes das relações de trabalho;

e) instaurar instância em caso de greve, quando a defesa da ordem jurídica ou o interesse público assim o exigir;

f) recorrer das decisões da Justiça do Trabalho quando entender necessário nos processos em que for parte; assim como naqueles em que atuar com fiscal da lei;

g) instaurar inquérito civil e outros procedimentos administrativos, para assegurar a observância dos direitos sociais dos trabalhadores.

Verifica-se, assim que a legislação vigente, confere ao Ministério Público do Trabalho a legitimidade para atuar como órgão agente utilizando-se de importantes instrumentos na defesa dos interesses difusos, coletivos e individual homogêneo, e conforme as lições do ilustre colega Procurador Regional do Trabalho, da 6ª Região, José Janguiê Bezerra Diniz, em sua obra *Ministério Público do Trabalho – Ação Civil Pública – Ação Anulatória e Ação de Cumprimento*, p. 231, Editora Consulex, "O Ministério Público do Trabalho, é o ramo do Ministério Público da União que mais se expandiu em termos de atuação como órgão agente na defesa da sociedade a partir da Constituição Federal de 1988".

Com a finalidade de dar efetividade as novas atribuições recebidas do legislador constituinte, foram criadas no âmbito da Instituição a Coordenadoria de Defesa dos Interesses Difusos e Coletivos, que vem desenvolvendo um trabalho significativo notadamente no que diz respeito a erradicação do trabalho infantil, erradicação do trabalho escravo, no combate a todas as formas de discriminação e assédio nas relações de trabalho, no combate a terceirização ilícita e as falsas cooperativas, na defesa da probidade administrativa, e do meio ambiente do trabalho.

5.39. Órgão interveniente (*custos legis*)

De acordo com o art. 83 da Lei Complementar n. 75/93, como órgão interveniente o Ministério Público do Trabalho poderá :

a) manifestar-se em qualquer fase do processo trabalhista, acolhendo solicitação do juiz ou por sua iniciativa, quando entender existente interesse público que justifique a intervenção;

b) Intervenção obrigatória: feitos em 2º e 3º grau de jurisdição quando a parte for pessoa jurídica de Direito Público, Estado estrangeiro ou organismo internacional.

c) **recorrer das decisões da Justiça do Trabalho** quando entender necessário, naqueles processos em que oficiar como fiscal da lei, bem como pedir revisão dos Enunciados da Súmula de Jurisprudência do Tribunal Superior do Trabalho;

d) **funcionar nas sessões dos Tribunais Trabalhistas**, manifestando-se verbalmente sobre a matéria em debate, sempre que entender necessário, sendo-lhe assegurado o direito de vista dos processos em julgamento, podendo solicitar as requisições e diligências que julgar convenientes;

e) **promover ou participar da instrução e conciliação em dissídios decorrentes da paralisação de serviços de qualquer natureza**, oficiando obrigatoriamente nos processos, manifestando sua concordância ou discordância, em eventuais acordos firmados antes da homologação, resguardado o direito de recorrer em caso de violação à lei ou à Constitucional Federal

f) interpor mandado de injunção quando a competência for da justiça do trabalho;

g) atuar como mediador ou como árbitro se assim for solicitado pelas partes nos dissídios de natureza trabalhista;

h) participar, como instituição observadora, em qualquer órgão da administração pública direta, indireta ou fundacional da União, que tenha atribuições correlatas às funções da instituição

i) participar de órgãos colegiados estatais, federais ou do Distrito Federal, constituídos para defesa de direitos e interesses relacionados com as funções da instituição. Ex.: participação no CONADE.

j) exercer outras atribuições que lhe forem atribuídas por lei, desde que compatíveis com sua finalidade.

5.40. Atuação extrajudicial

No âmbito extrajudicial o Ministério Público, está legitimado a instaurar o Inquérito Civil Público, a funcionar como arbitro se assim for solicitado pelas partes, nos dissídios de competência da Justiça do Trabalho, bem como promover audiências públicas, participar como instituição observadora em qualquer órgão da administração pública que tenha atribuições ligadas às funções da instituição; expedir notificações e intimações necessárias aos procedimentos e inquéritos que instaurar etc.

5.40.1. A atuação do Ministério Público como árbitro

O art. 83, inciso XI dispõe que compete ao Ministério Público do Trabalho, atuar como árbitro se assim for solicitado pelas partes nos dissídios de natureza trabalhista.

A arbitragem, por sua vez, está regulada pela a Lei n. 9.307/96, e conforme se tem no art. 1º, trata-se de instrumento capaz de solucionar conflitos, desde que se tratem de direitos patrimoniais disponíveis, mediante convenção arbitral, na qual se insere a cláusula compromissória, que significa cláusula consignada no sentido de que as partes se comprometem a submeter a questão surgida à arbitragem e o compromisso arbitral, que corresponde ao instrumento arbitral expresso.

Trata-se de forma heterocompositivo de solução de conflitos, em que as partes submetem a terceiro ou terceiros (árbitros), pela confiança que têm das próprias partes, o poder de solucionar a controvérsia, em substituição à vontade delas.

Da análise do texto legal supra mencionado, verifica-se a legitimidade do Ministério Público para atuar como árbitro, se esta for a vontade das partes. Observe-se que da literalidade da lei, a competência é estabelecida para a instituição Ministério Público do Trabalho, e não de seu membro específico, de maneira, que o procedimento deverá ser regularmente distribuído, entre um dos membros da instituição que agirá com independência funcional, não podendo ser imposta nenhuma limitação ao seu livre convencimento na decisão que proferir. Na prática, ainda há muita resistência da instituição da arbitragem como forma de solução de conflitos trabalhistas. As razões apontadas são: a ausência de confiança, pois dificilmente se encontra pessoa que detenha a confiança das duas partes em conflito para funcionar como árbitro, e também a questão dos custos, pois os sindicatos e as partes envolvidas, muitas vezes, não possuem condições para suportar as despesas decorrentes.

Quando o Ministério Público é eleito pelas partes para funcionar como árbitro, há a vantagem de que inexistirá custos para as partes, e também é de ser relevado o fato de que o *parquet* trabalhista, cada vez mais vem adquirindo a confiança da sociedade e dos trabalhadores, como defensor dos interesses sociais.

A seguir vamos tratar do inquérito civil público, valioso instrumento, que se tem utilizado o Ministério Público do Trabalho para o exercício das suas funções institucionais.

5.40.2. Do Procedimento investigatório e inquérito civil público

Conforme disposto no art. 129, inciso III da Constituição Federal, compete ao Ministério Público promover o inquérito civil e a ação civil pública para a proteção dos interesses difusos e coletivos. No mesmo sentido o art. 84, inciso II, da Lei Complementar n. 75/93.

Conceito: Inquérito Civil é o procedimento administrativo de investigação de natureza inquisitorial, à ser instaurado privativamente pelo Ministério Público, sempre que se vislumbrar ocorrência de lesão à ordem jurídica, possibilitando a colheita de provas e fornecendo elementos para uma possível ação civil pública, ou então possibilitando a regularização da ilegalidade com a celebração do termo de ajustamento de conduta.

O inquérito civil público pode originar-se de uma representação formulada perante o Ministério Público, ou então por meio de iniciativa dos membros do *parquet*.

Recebida e distribuída a representação o membro do Ministério Público do Trabalho terá o prazo de 08 dias para sua apreciação que poderá resultar em uma de três possibilidades:

a) arquivamento, quando inexistir fundamento, ou por não se verificar de plano lesão a interesse difuso ou coletivo:

b) adoção de procedimento investigatório sumário, caso não haja indícios suficientes que justifiquem a instauração de inquérito:

c) instauração de ICP mediante portaria.

Neste sentido também o art. 9º da Lei n. 7.347/85:

Se o órgão do Ministério Público, esgotadas todas as diligências se convencer da inexistência de fundamento para a propositura da ação civil pública promoverá o arquivamento dos autos do inquérito civil ou das peças informativas, fazendo fundamentadamente.

§ 1º Os autos do Inquérito civil ou das peças de informação arquivadas serão remetidos, sob pena de se incorrer em falta grave, no prazo de 03 dias ao Conselho Superior do Ministério Público.

Constatada a prática ilegal, poderá ser firmado entre o empregador e o Ministério Público do Trabalho, com a aceitação dos representantes dos detentores do interesse lesado, **Termo de Compromisso de Ajuste de Conduta**, para a cessação da ilegalidade e/ou reparação do dano causado (Lei n. 7.347/85, art. 5º, § 6º) também denominado termo de ajustamento de conduta.

5.41. Termo de Ajustamento de Conduta

Termo de Ajustamento de Conduta é o instrumento onde o Ministério Público, ajusta com os interessados o compromisso de ajustamento das suas condutas as exigências legais, no tempo, modo e lugar, mediante cominações, com eficácia de título executivo extrajudicial (art. 876 da CLT).

5.41.1. Da execução do Termo de Ajustamento de Conduta

O termo de ajustamento de conduta tem força de título executivo extrajudicial por expressa previsão nos arts. 5º, § 6º, da Lei n. 7.347/85 e 876 da CLT.

Com a petição inicial o Ministério Público deverá provar o não cumprimento das obrigações assumidas pelo executado, trazendo aos autos o Termo de Ajustamento de Conduta celebrado, o demonstrativo da multa atualizada e a prova da inexecução da obrigação. Poderão ser executadas no mesmo processo as obrigações de fazer ou não fazer e a de pagar quantia certa (multa já vencida e exigível).

Dos Crimes Contra a Organização do Trabalho

O objetivo dessa obra é demonstrarmos o assunto de forma prática, sem maiores tendências acadêmicas, mas não iremos nos esquecer dos aspectos relevantes da doutrina dominante sobre esse importante assunto.

O objetivo da vida é buscar sempre novos horizontes, assim é o direito também. Diante desse contexto, não há como se atentar que o direito penal e o direito do trabalho, podem ter correlações, como nas lições de Miguel Reale e Rudolf von Ihering.

Nas palavras de Miguel Reale, o homem não existe, mas sim coexiste, ou seja, existe integração entre as partes envolvidas.

Adentraremos no estudo específico dos crimes contra a organização do trabalho, que estão tipificados nos arts. 197 a 207 do Código Penal Brasileiro.

Seguimos com um julgado do STJ:

> Para a caracterização do crime contra a organização do trabalho, o delito deve atingir a liberdade individual dos trabalhadores, como também a Organização do Trabalho e a Previdência, a ferir a própria dignidade da pessoa humana e colocar em risco a manutenção da Previdência Social e as Instituições Trabalhistas, evidenciando a ocorrência de prejuízo a bens, serviços ou interesses da União, conforme as hipóteses previstas no art. 109 da CF (...). (Ministro OG Fernandes, AGRAVO REGIMENTAL NO CONFLITO DE COMPETÊNCIA 2006/0077849-5)

O próximo ponto é tratar dos tipos de crimes contra a organização do trabalho.

6.1. Atentado contra a liberdade de trabalho

Art. 197 do Código Penal:

Constranger alguém, mediante violência ou grave ameaça:

I – a exercer ou não exercer arte, ofício, profissão ou indústria, ou a trabalhar ou não trabalhar durante certo período ou em determinados dias:

Pena – detenção, de um mês a um ano, e multa, além da pena correspondente à violência;

II – a abrir ou fechar o seu estabelecimento de trabalho, ou a participar de parede ou paralisação de atividade econômica:

Pena – detenção, de três meses a um ano, e multa, além da pena correspondente à violência. (CP, p. 84)

Nessa linha de pensamento, delito semelhante ao constrangimento ilegal, difere-se basicamente no sentido intencional do agente, devido ao fato de que o sujeito ativo deve agir de modo que o sujeito passivo seja o descrito nos incisos do artigo em questão, *ipsis literis*. (JESUS, 22) A vítima deve ser forçada, obrigada ou coagida. O constrangimento ilegal aqui, "(...) só pode ser praticado mediante violência ou ameaça (...)". Não será tipificado neste artigo se o delito mencionado incorrer mediante narcótico, hipnotismo ou na simples promessa de rescisão contratual por ser conduta de direito do empregador. (MIRABETE, p. 384)

Insta salientar que o objetivo do art. 197 é proteger a livre escolha de trabalho, a liberdade laboral. O sujeito ativo pode ser "qualquer pessoa que pratica alguma das condutas típicas, sendo estas: constranger alguém, mediante violência ou grave ameaça a comportamentos descritos nos incisos deste artigo. Sujeito passivo é a pessoa constrangida pela conduta do agente e, que fica assim, privada de sua liberdade de trabalho". (MIRABETE, p. 384; JESUS, p. 22)

Nas palavras de Damásio de Jesus, a tentativa é admissível em quaisquer hipóteses descritas, é um crime comum e material, bem como imediato, mesmo que a vítima possa ficar realizando contra a vontade o comportamento desejado pelo sujeito ativo. (JESUS, p. 23-24)

6.2. Atentado contra a liberdade de trabalho e boicotagem violenta

Temos o art. 198 do Código Penal:

Constranger alguém, mediante violência ou grave ameaça, a celebrar contrato de trabalho, ou a não fornecer a outrem ou não adquirir de outrem matéria-prima ou produto industrial agrícola:

Pena – detenção, de um mês a um ano, e multa, além da pena correspondente à violência. (CP, p. 84)

Vamos descrever que são dois delitos que configuram o artigo mencionado alhures. O primeiro, relacionado ao contrato de trabalho que é celebrado indesejadamente, consequentemente trata-se de constrangimento ilegal, praticado mediante violência ou grave ameaça, bem como assinatura de contrato pelo sujeito passivo, conforme diz o dispositivo. "Refere-se a lei tanto a contrato individual como a coletivo, a escrito ou verbal, a renovação, modificação ou adição de contrato anterior". (MIRABETE, 386)

Nessa linha de pensamento, o sujeito ativo pode ser empregador, empregado ou terceiros e o sujeito passivo é a pessoa constrangida a qualquer hipótese descrita no artigo. Trata-se de objetividade jurídica a coação de alguém para que celebre contrato de trabalho, caso haja a coação para que alguém não celebre o contrato de trabalho, pode-se configurar a hipótese do art. 146 do CP, constrangimento ilegal. É preciso o dolo para tipificar o crime deste artigo, é requisito a vontade de constranger alguém com os objetivos já mencionados e também mediante violência ou grave ameaça. A tentativa é admissível nas figuras típicas do art. 198. (JESUS, 25/26)

Nesse segundo delito mencionado no artigo é a boicotagem violenta. Trata-se da segunda parte do art. 198, onde "(...) pune-se a prática de violência ou ameaça que leva o sujeito passivo a não fornecer ou a não adquirir matéria-prima (material para a produção), produto industrial (resultante do trabalho manual ou mecânico) ou agrícola (resultante da agricultura, que abrange a pecuária, a silvicultura etc.)".

Porém, mesmo sendo previstos no mesmo artigo, são dois crimes diferentes e a prática das duas ações será concurso de crimes. Se houver violência será concurso material. (MIRABETE, 386-387)

6.3. Atentado contra a liberdade de associação

Vamos estudar o art. 199 do Código Penal:

Constranger alguém mediante violência ou grave ameaça, a participar ou deixar de participar ou deixar de participar de determinado sindicato ou associação profissional:

Pena: detenção de um mês a um ano, e multa, além da pena correspondente à violência. (CP, p. 84)

Nessa linha de pensamento, o art. 5º, XVII, da CRFB/88 permite a livre associação profissional ou sindical para fins lícitos, o art. 199 do CP tutela essa liberdade de associação.

Nesse contexto, o sujeito ativo pode ser qualquer pessoa pertencente ou não a sindicato ou associação, se caso for funcionário público pode incorrer no art. 3º, "f", da Lei n. 4.898, de 9 de dezembro de 1965. O sujeito passivo pode ou não ser sócio ou associado, mas deve ser obrigado a participar ou deixar de participar de determinado sindicato ou associação. Ainda há o constrangimento ilegal neste artigo, mas com o fim de compelir a liberdade de associação ou não à entidade em questão. Pode ocorrer a tentativa. (MIRABETE, p. 387-388)

Nesse caso cabe a transação penal (art. 76 do JECRIM):

Acordo realizado entre cidadão e promotor. Por esse pacto, a pessoa se compromete a ajudar uma entidade carente, com dinheiro ou prestação de serviços. Por outro lado, o promotor, representante do Ministério Público, se compromete a arquivar o processo, sem que haja julgamento do mérito, assim que a prestação for cumprida.

6.4. Paralisação de trabalho, seguida de violência ou perturbação da ordem

Vamos tratar o art. 200, do Código Penal:

Participar de suspensão ou abandono coletivo de trabalho, praticando violência contra pessoa ou contra coisa:

Pena: detenção de um mês a um ano, e multa, além da pena correspondente à violência.

Parágrafo único – Para que se considere coletivo o abandono de trabalho é indispensável o concurso de, pelo menos, três empregados. (CP, p. 84)

Porém, tratando-se de liberdade de trabalho, o art. 200 do CP "(...) pune o fato de alguém participar de suspensão ou abandono coletivo de trabalho, praticando violência contra pessoa ou contra coisa". (JESUS, p. 33)

Nesse diapasão, o sujeito ativo deve ser a pessoa que intenta manter a paralisação do trabalho com meios violentos causando prejuízo à sociedade, pode ser o empregado, empregador ou terceiros, no caso do empregado, para que haja concurso de pessoas, exige-se ao menos três pessoas conforme descrito no parágrafo único do referente artigo, já para o empregador não é necessário o concurso de mais de um empregador. Tutela a liberdade de trabalho exposta também na Constituição da República Federativa do Brasil/1988. O sujeito passivo é aquele que sofre o prejuízo contra sua pessoa ou seus bens. (JESUS, p. 33)

Ocorre que nesse delito podem ocorrer lesões corporais, homicídio etc. quando direcionada à pessoa ou dano, quando direcionada à coisa. A simples ameaça durante a greve ou *lockout* não tipifica o crime deste artigo, o sujeito responderia apenas pelo delito do art. 147, conforme jurisprudência RT 363/206. Pode ocorrer a tentativa. (MIRABETE, p. 388-389) *Lockout* é o abandono de trabalho pelos empregadores e greve é o abandono de trabalho pelos empregados. (CAPEZ, p. 556)

6.5. Paralisação de trabalho de interesse coletivo

Trataremos do art. 201, do Código Penal:

Participar de suspensão ou abandono coletivo de trabalho, provocando a interrupção de obra pública ou serviço de interesse coletivo:

Pena – detenção, de seis meses a dois anos, e multa. (CP, p. 84)

Nesse ordenamento jurídico, cuida-se do interesse da coletividade. A CRFB/88, no art. 9º, *caput*, assegura o direito de greve e em seu § 1º consta que "a lei definirá os serviços ou atividades essenciais e disporá sobre o atendimento às necessidades inadiáveis da comunidade, mas, como contraponto, a Lei de Greve n. 1.183/89 admite a greve em serviços ou entidades essenciais. Portanto, há nesse ínterim as diversas deduções doutrinárias: Celso Delmanto, diz que o artigo em questão restou inaplicável, já Mirabete sustenta que o art. 201 continua em vigor, não bastando tratar-se de obra publica, deve caracterizar serviço ou atividade que coloca em perigo a população. (CAPEZ, p. 558-559)

Nesse pensamento, o sujeito ativo pode ser qualquer pessoa, empregado (greve) ou empregador (*lockout*). Já o sujeito passivo trata-se da coletividade atingida pela paralisação.

Como ensinam os mestres, tem-se como obra pública aquela realizada pelo Estado e serviço de interesse coletivo "é todo aquele que afeta as necessidades da população em geral (...)" (MIRABETE *apud* HUNGRIA, p. 390)

Para encerrar, a tentativa é possível. O dolo, aqui, pode consistir na intenção de participar do próprio descrito no artigo e tendo consciência de que se trata de obra pública ou serviço de interesse coletivo. (MIRABETE, p. 390)

6.6. Invasão de estabelecimento industrial, comercial ou agrícola. Sabotagem

Art. 202, do Código Penal:

Invadir ou ocupar estabelecimento industrial, comercial ou agrícola, com o intuito de impedir ou embaraçar o curso normal do trabalho ou com o mesmo fim danificar o estabelecimento ou as coisas nele existentes ou delas dispor:

Pena – reclusão, de um a três anos, e multa. (CP, p. 84)

> Tutela-se com o dispositivo a organização do trabalho, bem como o patrimônio da empresa ou pessoa física. (MIRABETE, p. 391)

Tratando do assunto em pauta, o sujeito ativo pode ser qualquer pessoa, já o sujeito passivo pode ser tanto a coletividade quanto a pessoa física ou jurídica que mantenha estabelecimento industrial, comercial ou agrícola.

Nesse crime, os delitos podem ser invasão ou conduta e sabotagem. A invasão configura a conduta de entrar indevidamente no local, a ocupação trata-se de tomar posse sem autorização. Mesmo se a ocupação for parcial do estabelecimento configura o delito em questão. É um crime formal, dá-se a consumação quando há invasão ou ocupação.

Nesse pensamento, a sabotagem é a outra conduta típica do artigo mencionado, ou seja, danificar um estabelecimento ou as coisas que existem nele, assim como dispor dessas coisas. (MIRABETE, p. 390-391)

Ocorre que só há punibilidade a título de dolo, e ainda a intenção de atrapalhar de algum modo (impedir ou obstar) o curso normal de trabalho. É imprescindível que impeça ou embarace o curso de trabalho, pois trata-se de crime formal, ou seja, que não exige o resultado. Pune-se também a tentativa. (JESUS, p. 42-43)

6.7. Frustração de direito assegurado por lei trabalhista

Adentraremos ao art. 203, do Código Penal:

Frustrar, mediante fraude ou violência, direito assegurado pela legislação do trabalho:

Pena – detenção de um ano a dois anos, e multa, além da pena correspondente à violência.

§ 1º Na mesma pena incorre quem:

1. obriga ou coage alguém a usar mercadorias de determinado estabelecimento, para impossibilitar o desligamento do serviço em virtude de dívida;

2. impede alguém de se desligar de serviços de qualquer natureza, mediante coação ou por meio da retenção de seus documentos pessoais ou contratuais.

§ 2º A pena é aumentada de um sexto a um terço se a vítima é menor de dezoito anos, idosa, gestante, indígena ou portadora de deficiência física ou mental. (CP, p. 84)

Interessante esse assunto pois assegura os direitos trabalhistas previstos legalmente, tanto os contidos na CRFB/88 quanto os contidos na CLT e leis complementares, portanto, de acordo com Mirabete: "Estão incluídos na proteção os direitos obtidos por meio das convenções e dissídios, umas vez que eles são previstos em lei". O sujeito, portanto, é aquele que impede a realização do direito do trabalho. O sujeito passivo é a pessoa lesada no direito trabalhista. A violência a que descreve o artigo é a física, sendo descartada a ameaça, pode ocorrer também fraude, ou seja, quando há indução a erro.

Nesse pensamento, a coação para compra de mercadorias: Lei n. 9.777 de 29 de dezembro de 1998 – Lei criada de acordo com o inciso 1º deste artigo. Nesse caso, a vítima é obrigada a comprar mercadorias, por violência ou ameaça, ou até mesmo por contrato, devido a dívida contraída, tornando assim, um vínculo obrigatório.

Insta salientar que o inciso segundo trata na primeira parte de coação e segue no delito quando o sujeito ativo não entrega ou sonega os documentos pessoais, também fazendo parte o próprio contrato. (MIRABETE, p. 392-394)

O parágrafo segundo, também acrescentado pela Lei n. 9.777 de 29 de dezembro de 1998, trata da causa de aumento de pena. Capez menciona o posicionamento de Damásio a respeito da idade mínima em que considera-se uma pessoa idosa, que diz "nem sempre a idade mínima da vítima representa, por si só, circunstância capaz de exasperar a pena. É possível que tenha mais de sessenta anos de idade e seja portadora de condições físicas normais (...)".

A tentativa é possível também neste crime analisado. (CAPEZ, p. 562-564)

Jurisprudência:

CONFLITO NEGATIVO DE COMPETÊNCIA. PENAL E PROCESSO PENAL. USO DE DOCUMENTO FALSO. TENTATIVA DE **FRUSTRAÇÃO** DE DIREITOS ASSEGURADOS POR **LEI TRABALHISTA.** PRINCÍPIO DA CONSUNÇÃO. IMPOSSIBILIDADE. CONCURSO FORMAL DE CRIMES. COMPETÊNCIA DA JUSTIÇA FEDERAL COMUM. PRECEDENTES. I – De acordo com o princípio da consunção, haverá a relação de absorção quando uma das condutas típicas for meio necessário ou fase normal de preparação ou execução do delito de alcance mais amplo, sendo, portanto, incabível o reconhecimento da absorção de um crime mais grave pelo mais leve. II – Não se pode admitir que o crime de uso de documento falso, cuja pena abstrata varia de 1 (um) a 5 (cinco) anos de reclusão, seja absorvido pela tentativa de frustrar direito assegurado pela legislação do trabalho, cuja pena para o crime consumado varia de 1 (um) a 2 (dois) anos. Ademais, tais delitos possuem objeto jurídico distinto (no primeiro, a fé pública; no segundo, as leis trabalhistas), sendo condutas autônomas, ainda que praticadas num mesmo contexto fático. III – Considerando que a competência dos Juizados Especiais Federais se limita ao processo e julgamento dos delitos de menor potencial ofensivo, ou seja, aqueles em que a pena máxima não seja superior a 2 (dois) anos, tenho que a conduta imputada ao agente – a prática dos crimes descritos no art. 304, com as penas do art. 298, em concurso com o art. 203, c/c o art. 14, II, do CP – supera os limites da competência dos Juizados Especiais. IV – Conflito conhecido para declarar a competência do Juízo Federal da 17ª Vara da Seção Judiciária da Bahia, o Suscitado. (CC 200901000660391 CC – CONFLITO DE COMPETENCIA. Desemb. Federal Cândido Ribeiro, 24.2.2010)

6.8. Frustração de lei sobre a nacionalização do trabalho

Vamos analisar o art. 204, do Código Penal:

Frustrar, mediante fraude ou violência, obrigação legal relativa a nacionalização do trabalho:

Pena – detenção, de um mês a um ano, e multa, além da pena correspondente à violência. (CP, p. 85)

Como já é uma tendência no estudo do direito penal, como de forma uníssona, nas obras já consagradas, analisamos o sujeito ativo do delito pode ser qualquer pessoa, comumente apresenta-se nesse ponto o empregador, mas pode ocorrer também que seja o empregado ou terceiros.

Nesse mesmo pensamento e para mantermos um padrão de estudo, trata-se de um crime em que o sujeito obsta, priva, impede que seja obedecida a lei relativa à nacionalização do trabalho. Deve ser por meio de fraude ou violência física. A objetividade neste caso, é o dolo, a intenção de praticar os delitos descritos no artigo em questão. É um crime comum devido a realização por qualquer pessoa, simples, porque só há o dolo e material por sua ocorrência entre conduta e resultado para consumação.

6.9. Exercício de atividade com infração de decisão administrativa

Adentraremos ao art. 205, do Código Penal:

Exercer atividade, de que está impedido por decisão administrativa:

Pena – detenção, de três meses a dois anos, ou multa. (CP, p. 85)

Como um conceito inicial a tutela o interesse estatal nas funções de fiscalização exercidas por este. Sendo o Estado, então, o sujeito passivo. Exige-se aqui a repetição da atividade, trabalho, ou profissão. Damásio explica que se o impedimento administrativo estiver em vias de recurso depende do efeito suspensivo para tipificar o delito do art. 205, ou seja, se o recurso tiver efeito suspensivo não será tipificado e caso contrário será tipificado o delito.

Ocorre que o objetivo jurídico: dolo, não é possível o crime ser cometido a título culposo e também não é admitida a tentativa. É considerado um delito próprio, pois, o ato só pode ser cometido pela pessoa que agir como o descrito no *caput* do artigo. (JESUS, p. 53-55)

6.10. Aliciamento para o fim de emigração

Vamos estudar o art. 206, do Código Penal:

Recrutar Trabalhadores, mediante fraude, com o fim de levá-los para território estrangeiro.

Pena – detenção, de um a três anos e multa. (CP, p. 85)

Para não nos delongarmos em demasia, o aliciamento de trabalhadores para que emigrem, sendo que todo estrangeiro tem o direito de trabalhar onde escolher. Desse modo, podemos concluir que a objetividade jurídica trata-se de interesse estatal na permanência do trabalhador no País.

O sujeito ativo pode ser qualquer pessoa e o sujeito passivo é o Estado.

Para esclarecer o verbo: Recrutar, como diz o *caput*, quer dizer atrair, aliciar, seduzir, portanto, não é suficiente a emigração, deve haver o aliciamento, a fraude, o sujeito passivo deve enganar o(s) trabalhador(es) para que saiam do Brasil para outro país. Quando ocorre o aliciamento dentro do país, mas de um local para outro, o delito não é tipificado neste artigo. Para caracterizar o crime, o sujeito ativo deve agir com dolo e exige também o aliciamento com a finalidade descrita no artigo.

Por fim, o crime é de tendência, pois tipifica de acordo com a intenção do agente, a vontade do sujeito passivo é que vai enquadrá-lo no artigo em questão. (JESUS, p. 57-59)

Jurisprudência:

QUESTÃO DE ORDEM. ALICIAMENTO PARA FINS DE EMIGRAÇÃO (ART. 206 DO CÓDIGO PENAL). CRIME CONTRA A ORGANIZAÇÃO DO TRABALHO. COMPETÊNCIA DA JUSTIÇA COMUM QUANDO ATINGIDOS BENS DOS TRABALHADORES INDIVIDUALMENTE CONSIDERADOS. – Se o crime não ofende o sistema de órgãos e instituições que preservam coletivamente os direitos dos trabalhadores, cabe à Justiça Estadual Comum o processo e julgamento do feito. Precedentes. – Declinação de competência para a Justiça Estadual. (QUOACR – QUESTÃO DE ORDEM NA APELAÇÃO CRIMINAL, relª. Maria de Fátima Freitas Labarrere, 24.1.2006)

6.11. Aliciamento de trabalhadores de um local para outro do território nacional

A análise do art. 207, do Código Penal:

Aliciar trabalhadores, com o fim de levá-los de uma para outra localidade do território nacional:

Pena – detenção, de um a três anos e multa.

§ 1º Incorre na mesma pena quem recrutar trabalhadores fora da localidade de execução do trabalho, dentro do território nacional, mediante fraude ou cobrança de qualquer quantia do trabalhador, ou ainda, não assegurar condições do seu retorno ao local de origem.

§ 2º A pena é aumentada de um sexto a um terço se a vítima é menor de dezoito anos, idosa, gestante, indígena ou portadora de deficiência física ou mental. (CP, p. 85)

Para aprofundar o conteúdo, ainda o interesse jurídico do Estado como objetividade jurídica. O equilíbrio populacional aqui é tutelado, pois as mudanças dos trabalhadores causam desajuste social e econômico. O sujeito ativo pode ser qualquer pessoa e o sujeito passivo ainda é o Estado. Diz Mirabete que não havendo aliciamento, não há crime e que mesmo que não ocorra a migração, só o aliciamento já tipifica o delito. A conduta deve ocorrer dentro do território nacional.

Por derradeiro, foi acrescentada este artigo a figura do recrutamento de trabalhadores, que não exige o aliciamento, protege o trabalhador para que não seja explorado economicamente para obtenção de trabalho. A Lei n. 9.777 de 29 de dezembro de 1998 instituiu causas de aumento de pena para aliciamento e recrutamento de trabalhadores. (MIRABETE, p. 398-400)

Jurisprudência:

PENAL. ART. 207 DO CP. ALICIAMENTO DE TRABALHADORES DE UM LOCAL PARA OUTRO DO TERRITÓRIO NACIONAL. EXTINÇÃO DA PUNIBILIDADE PELA PRESCRIÇÃO. ART. 149 DO CP. REDUÇÃO DE TRABALHADOR À CONDIÇÃO ANÁLOGA À DE ESCRAVO. AUTORIA E MATERIALIDADE COMPROVADAS. 1. Considerando que a pena máxima cominada ao crime capitulado no art. 207 do Código Penal era de 1 (um) ano de detenção, à época dos fatos, caso em que a prescrição ocorre em 4 (quatro) anos (art. 109, V, do Código Penal), a pretensão punitiva no tocante a este crime encontra-se prescrita, considerando que entre a data do recebimento da denúncia (21.10.1996) e a data da sentença (12.3.2004) transcorreram mais de 4 (quatro) anos, sem a ocorrência de qualquer causa de interrupção. 2. Reduzir alguém à condição análoga à de escravo significa anular completamente a sua personalidade, a redução da vítima a um estado de submissão física e psíquica, impondo-lhe trabalhos forçados, com proibição de ausentar-se do local onde presta serviços, podendo ou não ser utilizada ameaça, violência ou fraude. Caso em que, comprovadas a autoria e a materialidade, manutenção da condenação é medida que se impõe. 3. Como o resultado da condenação atingiu 4 (quatro) anos de pena privativa de liberdade, mostra-se adequado o regime aberto para o início de cumprimento da pena. 4. Recurso parcialmente provido. (ACR – APELAÇÃO CRIMINAL – 200401000395915. Juiz Federal César Jatahi Fonseca, 15.12.2009)

Competência:

Dispõe o art. 109 da Constituição da República que compete aos Juízes Federais processar e julgar os crimes contra a organização do trabalho .

Art. 109 – Aos juízes federais compete processar e julgar:

VI – (...) os crimes contra a organização do trabalho (...).

Até dezembro de 2004, cabia à Justiça Federal comum ou à Justiça Estadual processar e julgar as ações penais para apuração de crimes contra a organização do trabalho. A Emenda Constitucional n. 45/2004 ampliou a competência da Justiça do Trabalho para julgar todas as controvérsias decorrentes das relações de trabalho.

Também é importante lembrar que o instituto da suspensão condicional do processo, previsto no art. 89 da Lei n. 9.099/95 é aplicável a todos os crimes que possuem pena igual ou inferior a um ano. Dispõe o art. 89 da Lei dos Juizados Especiais:

Art. 89. Nos crimes em que a pena mínima cominada for igual ou inferior a um ano, abrangidas ou não por esta Lei, o Ministério Público, ao oferecer a denúncia, poderá propor a suspensão do processo, por dois a quatro anos, desde que o acusado não esteja sendo processado ou não tenha sido condenado por outro crime, presentes os demais requisitos que autorizariam a suspensão condicional da pena (art. 77 do Código Penal). Lei n. 9.099 de 26 de setembro de 1995.

7

Pejotização é Crime

Ocorre a pejotização, quando o trabalhador, por intermédio de uma pessoa jurídica aberta com o único intuito de emitir notas fiscais, executa trabalho exclusivo de pessoa física, com a intenção de mascarar a relação de emprego existente, fraudando a legislação trabalhista, fiscal e previdenciária. Fato que esta sendo muito comum, nos dias de hoje.

Nas palavras de Fernando Schmidt, "Empregado é, segundo a definição da CLT, em seu art. 3º, toda pessoa física que prestar serviços de natureza não eventual a empregador, sob a dependência deste e mediante salário.

Na sua relação de emprego, o trabalhador tem uma obrigação que é sua, personalíssima, e o empregador, por sua vez, somente pode exigir a prestação de serviços daquele que contratou como empregado. O local de prestação de serviços pode ser no estabelecimento do empregador, em locais externos ou no domicílio do empregado."

A relação de emprego, dar se á com a subordinação, habitualidade, onerosidade, pessoalidade e pessoa física, uma vez que a parte preencher os requisitos citados, estamos diante da relação de emprego.

Não bastasse o reconhecimento do vínculo trabalhista, a Justiça do Trabalho tem reconhecido, em alguns casos, o dano moral pela ocorrência da "pejotização":

PEJOTIZAÇÃO. EXIGÊNCIA DO EMPREGADOR PARA QUE O TRABALHADOR CONSTITUA PESSOA JURÍDICA COMO CONDIÇÃO DE PRESTAÇÃO DE SERVIÇOS. INVALIDADE. ART. 9º, DA CLT. RECONHECIMENTO DO VÍNCULO EMPREGATÍCIO. O sistema jurídico pátrio considera nulo o fenômeno hodiernamente denominado de "pejotização", neologismo pelo qual se define a hipótese em que o empregador, para se furtar ao cumprimento da legislação trabalhista, obriga o trabalhador a constituir pessoa jurídica, dando roupagem de relação interempresarial a um típico contrato de trabalho o que exige o reconhecimento do vínculo de emprego. ASSÉDIO MORAL. "ROUPAGEM". O assédio moral, ou, ainda, manipulação perversa, terrorismo psicológico, caracteriza- se por ser uma conduta abusiva, de natureza psicológica, que atenta contra a dignidade psíquica do trabalhador, expondo-o a situações humilhantes e constrangedoras, capazes de causar-lhe ofensa à personalidade, à dignidade ou à integridade psíquica. O assédio moral é concebido como uma forma de "terror psicológico" que pode ser praticado pela empresa ou pelos próprios colegas. A necessidade de obtenção de lucro não se sobrepõe à honra, imagem, intimidade e dignidade da pessoa humana, princípios constitucionais que norteiam a nossa sociedade e cujo zelo compete a todos os cidadãos brasileiros. No caso em tela o "assédio" restou configurado na "roupagem", de exclusão da "posição da empregada no emprego", deteriorando seu ambiente de trabalho. Portanto, sempre que o trabalhador, em razão do contrato de trabalho, por ação ou omissão do empregador, sofrer lesão à sua dignidade, honra, ou ofensa que lhe cause um mal ou dor (sentimental ou física) causando-lhe abalo na personalidade ou psiquismo, terá o direito de exigir a reparação por danos morais e materiais decorrentes da conduta impertinente. Nesse sentido dispõem os arts. 186 e 927 do CC de 2002. (TRT 2ª R.; RO 0233100-21.2009.5.02.0048; Ac. 2012/0933661; Quarta Turma; Relª. Desª. Fed. Ivani Contini Bramante; DJESP 24.8.2012) (destacado)

Nessa linha de pensamento, o Princípio da Primazia da Realidade resume as relações trabalhistas, onde o que vale é a realidade dos fatos, não importa o que estiver escrito, apenas é válida a situação de fato.

No mesmo sentido, de acordo com o princípio da primazia da realidade, a jurisprudência dos Tribunais combate a ocorrência de fraude trabalhista:

> CONTRATO DE PRESTAÇÃO DE SERVIÇOS. PESSOAS JURÍDICAS. FRAUDE. VÍNCULO DE EMPREGO RECONHECIDO. É incontroversa nos autos a existência de contrato de prestação de serviços entre a empresa em que o Reclamante figura como sócio e a Reclamada. No entanto, tanto a prova oral, quanto a prova documental demonstram a existência de trabalho subordinado, com prestação apenas formalmente executada por meio de pessoa jurídica. Patente a ocorrência do moderno fenômeno da assim chamada "pejotização" das relações laborais, sistema fraudulento onde as empresas, para reduzirem seus custos, contratam, ao invés de empregados, pessoas jurídicas, camuflando a existência de relações trabalhistas informais. Referida modalidade fraudatória, inclusive, tem sido objeto de costumeira análise por parte da Corte Superior Trabalhista, que a vem rechaçando de maneira enérgica. Por sua vez, não se cogita de que o reconhecimento de vínculo propiciaria ao Obreiro beneficiar-se da própria torpeza, pois, necessária a ponderação de que ao empregado, quando da contratação, não é dado discutir, em igualdade de condições, as cláusulas contratuais, e, assim, devem ser considerados, os princípios protetivos que norteiam esta seara, bem como o fato de a questão se tratar de matéria de ordem pública, insuscetível de transação pelas partes. Presentes os elementos caracterizadores da relação de emprego (arts. 2º e 3º da CLT), resulta evidente a fraude praticada pela Ré (art. 9º da CLT), impondo-se a declaração do vínculo. Recurso da Ré a que se nega provimento. (TRT-PR-11946-2014-005-09-00-8-ACO-20847-2015 – 7ª Turma – Rel. Ubirajara Carlos Mendes – Publicado no DEJT em 7.7.2015) (destacado)

Ainda nas palavras de Fernando Schmidt "A pejotização é uma prática comum, utilizada por empresas para livrarem-se dos encargos decorrentes das relações de trabalho através da constituição de pessoa jurídica para a emissão de notas fiscais. A pejotização é usual entre várias profissões: médicos, médicos veterinários, dentistas, fisioterapeutas, publicitários, arquitetos, técnicos em Tecnologia da Informação – TI, entre tantas".

As empresas obrigam que o empregado, através de uma pessoa jurídica, celebre um contrato de prestação de serviços, com cláusula de exclusividade. O trabalhador presta serviços na empresa e cumpre jornada de trabalho sem o pagamento de horas extras ou dos demais direitos trabalhistas como férias e 13º salário.

A nulidade da pejotização é clara, novamente de acordo com a CLT, em seu art. 9º:

> Serão nulos de pleno direito os atos praticados com o objetivo de desvirtuar, impedir ou fraudar a aplicação dos preceitos contidos na presente Consolidação.

A PEJOTIZAÇÃO É CRIME contra a organização do trabalho. O art. 203 do Código Penal é específico:

> Frustrar, mediante fraude ou violência, direito assegurado pela legislação do trabalho. Pena: detenção de um ano a dois anos, e multa, além da pena correspondente à violência.

Não obstante ao crime relacionado acima, temos ainda a caracterização de crime tributário a pejotização.

Diante desses fatos, os tribunais trabalhistas optam por oficiar o Ministério Público do Trabalho em casos onde verifica-se, claramente, a real intenção do empregador em reduzir seus custos com a contratação da força de trabalho, impedindo que os trabalhadores usufruam direitos que lhe são garantidos.

O Tribunal Regional do Trabalho do Rio Grande do Sul, em decisão proferida nos autos da Reclamação Trabalhista n. 0000553-43.2012.5.04.0405, destacou a existência de fraude na intermediação de mão de obra, diante da terceirização da atividade fim da parte contratante, reconhecendo o vínculo empregatício do trabalhador diretamente com essa parte, enfatizando, ainda, que a conduta adotada pela parte contratante é tipificada no Código Penal.

Nessa linha de pensamento a Lei n. 8.137/1990 define as condutas que caracterizam crimes contra a ordem tributária. Gostaríamos de voltar nossa atenção para o art. 2º, inciso I, do dispositivo:

Art. 2º Constitui crime da mesma natureza:

I – fazer declaração falsa ou omitir declaração sobre rendas, bens ou fatos, ou empregar outra fraude, para eximir-se, total ou parcialmente, de pagamento de tributo;

Nas situações discutidas acima, em que é possível afirmar que a pessoa jurídica é uma espécie de "fingimento" para falsear relação de emprego com o intuito de diminuir a tributação teremos todos os elementos do crime.

De forma geral, como as usou o legislador, podemos dizer que houve "fraude para eximir-se total ou parcialmente, de pagamento tributo".

Diante desse fato, ora, quem cometeu a fraude? A direção do hospital? O médico e outros profissionais de saúde?

A resposta vem de súbito: todos aqueles que falsearam os fatos com o objetivo de diminuir a tributação, isto é, o sócio que exerce a direção do hospital e o sócio administrador da pessoa jurídica.

Nas palavras de Rosana Oleinik "Mas como cometi crime, diriam os profissionais da saúde envolvidos? "Se eu não aceitasse as regras do mercado, ou seja, a contratação via pessoa jurídica não poderia exercer a medicina em hospitais".

A alegação é verdadeira e seria provavelmente acatada para a maioria dos profissionais do mercado. Porém, determinadas carreiras, como o médico, ainda possuem elevado destaque social e não se aplicam a elas o conceito de hipossuficientes.

Além disso, a pejotização tem colaborado para a diminuição da receita da Previdência Social e, por isso, há um esforço fiscalizatório nas áreas que mais "pejotizam", a exemplo dos médicos.

Nesse sentido, poderá consultar a preocupação da Receita Federal em seu endereço eletrônico: <http://idg.receita.fazenda.gov.br/dados/receitadata/estudos-e-tributarios-e--aduaneiros/estudos-e-estatisticas/estudos-diversos/o-fenomeno-da-pejotizacao-e-a-motivacao-tributaria.pdf>, ou ainda acompanhar as notícias da FENAM no *site* <http://www.fenam.org.br/noticia/5190>.

Havendo a fiscalização da Receita Federal e constatada a existência de contratação simulada via pessoa jurídica, com o intuito de afastar a relação de emprego e, por consequência economizar tributo, a autoridade administrativa deverá fazer a representação para fins penais.

Nesse sentido, consultar a portaria RFB n. 2.439/10, no endereço eletrônico da Receita Federal do Brasil: <http://normas.receita.fazenda.gov.br/sijut2consulta/link.action?visao=anotado&idAto=30572>.

Temos dessa forma, de evitar qualquer situação que envolva a perda de direitos trabalhistas, constituindo como crime a fraude sob a égide de pejotização, mas existe uma relação de emprego.

A Comunicação e o Profissional de Direito

Quando, há alguns anos, iniciei minha conferência no salão nobre da Faculdade de Direito da Universidade de São Paulo, no I Congresso do Jovem Advogado da OAB São Paulo, indaguei:

— Qual a importância da Comunicação para o advogado?

Disse, a seguir: esta pergunta enseja outras, como: Qual a importância do bisturi para o cirurgião; do pincel para o pintor; do maço e cinzel para o escultor? Todas essas perguntas admitem uma só resposta: importância máxima, porque se trata de seus instrumentos de trabalho! Da mesma forma, a Comunicação tem para o advogado importância suprema, pois é a ferramenta de que ele se vale para exercer sua atividade profissional, uma das mais belas do mundo!

Professor de Oratória e advogado há longos anos, pareceu-me conveniente dar — neste livro dos amigos e colegas Gleibe Pretti e Joseval Peixoto — algumas dicas para os que têm menos vivência nessa seara.

É absolutamente necessário começar destacando que a primeira e mais importante dica é ter consciência de que a FALA é a marca distintiva do ser humano. Isso porque, entre todas as criaturas do universo, **somente o ser humano fala**!

A essa altura, é possível que alguém tenha pensado: "o papagaio fala!"

O papagaio, realmente, fala?

Não!

Ele apenas repete mecânica e inconsequentemente aquilo que ouviu, sem guardar nenhum compromisso com o nexo e com a racionalidade.

Falar é muito mais do que isso.

Falar é traduzir ideias, emoções, pensamentos, ideais e sentimentos em formas sonoras moduladas e articuladas, formando expressões verbais coerentes, lógicas, inteligentes e inteligíveis.

E isso unicamente o ser humano faz!

O papagaio, portanto, não fala. Tão somente "papagaia"... (Confessemos, cá entre nós, que há muitos seres humanos que também ficam por aí, contentando-se em papagaiar em vez de falar!)

A fala — a palavra — é, em consequência, o apanágio, a característica marcante do ser hominal. E também um dos elementos que propiciaram seu desenvolvimento ao longo de seu caminhar sobre a face da terra.

'É o que mostra a história da civilização. Enquanto o homem — embora ser pensante, *homo sapiens* — não se comunica a não ser por grunhidos, gestos e urros, permanece nas cavernas. É o troglodita. Quando, porém, apreende a modular seus grunhidos, convertendo-os em sons inteligentes e inteligíveis, **ele sai da toca, e toca a lua! É o homo loquens!**

Há que se concluir, em consequência, que a mola propulsora do fenomenal e ininterrupto progresso humano foi a Comunicação, assentada sobre a indispensável base da Razão!

J. B. Oliveira, em "Falar Bem é Bem Fácil", publicação da Editora Madras Business.

Além do que está dito acima, extraído de livro anterior sobre a matéria, importa tecer considerações complementares sobre o fenômeno comunicacional. Desde aqueles tempos remotos, a espécie humana era dotada de *ratio* — a inteligência —, que distinguia seus membros dos demais seres que com eles conviviam. Eram os únicos animais que fabricavam as próprias armas, embora rústicas. De uma lasca de sílex, criavam uma faca; com uma pedra presa por timbiras a um pedaço de pau, faziam um machado de guerra; usando uma simples haste de madeira, roliça e afilada, produziam uma lança ou uma flecha. Tomando uma haste flexível, vergada e presa em suas extremidades por cipó, produziam um arco, para dar à flecha a propulsão, o direcionamento e a força necessária para atingir o alvo objetivado! Entretanto, seguiam sendo homens das cavernas. É então que descobrem a FALA, que lhes permite verbalizar ideias e ideais, planos, projetos e anseios. E essa bênção especial tira-os da barbárie e os introduz na senda do desenvolvimento individual e grupal, dia após dia, ininterruptamente, até chegar, na era atual, à condição de seres intergalácticos e "internéticos", absolutamente "plugados" em tudo nessa imensa "aldeia global"!

Em sua longa peregrinação, várias etapas evolutivas foram se cumprindo no plano social. Inicialmente, os humanos, ainda próximos dos irracionais, formavam bandos. Depois grupamentos, tribos, clãs, feudos, povo, nação e, por fim — política e juridicamente ordenados —, organizaram-se em Estado de Direito.

Nesse último estágio, como em anteriores de real importância, tudo se fundamentou na palavra. Daí proclamar o grande Rui Barbosa:

'De Atenas à Grã-Bretanha, de Roma à França, à Itália, à Hungria, à Alemanha, a eloquência tem vibrado e dardejado nos lábios dos maiores homens de governo, os construtores de nacionalidades, os unificadores de impérios, os salvadores de Constituições, os condutores de Repúblicas e democracias, sem lhes desmerecer jamais a eles a valia de estadistas. Péricles, Cícero, Mirabeau, Pitt, Gladstone, Cavour, Lincoln, Bismarck, Daek, Thiers, Gambetta, que foram todos esses titãs do pensamento e da ação militante senão prodigiosas encarnações da palavra ao serviço do gênio político? Vede a livre Grécia, a Inglaterra livre, a livre América do Norte, a França livre: outras tantas criações, antigas ou modernas, da tribuna. Sobre essa potência eterna se fez a mãe das artes, a mãe dos parlamentos, a mãe das atuais democracias, a mãe das maiores reivindicações liberais. Na idade hodierna, todas as grandes expansões do direito, todos os grandes movimentos populares, todas as grandes transformações internacionais são maravilhas de sua influência universal. O próprio Brasil, o Brasil parlamentar, o Brasil abolicionista, o Brasil republicano, que outra coisa não é, senão a obra de seus homens de Estado, os quais eram, ao mesmo tempo, os seus jurisconsultos e os seus oradores? (Discurso pronunciado em 18 de maio de 1911, no Instituto dos Advogados do Rio de Janeiro)

É forçoso concluir que a miraculosa evolução do ser humano em toda sua história deve-se a estes dois fatores: a **Razão** e a **Comunicação**. *A **Inteligência** e a **Fala**! A expressão: 'No princípio era o Verbo', com que João, iniciando seu Evangelho, faz alusão ao livro de Gênesis — Berehit, em hebraico — e referente ao Criador, aplica-se também à Criatura. A marcha civilizatória da humanidade partiu do domínio da palavra, do verbo. Se a Deus coube a criação do mundo, ao homem coube sua transformação no que é nos dias atuais. O ser humano recebeu o mundo assim: terra, mar, céus, montanhas, campinas, vales, florestas, pântanos, bosques e que tais, em estado natural, bruto. O mundo de nossos dias, porém, é totalmente diferente. As incríveis obras da engenharia: civil, mecânica, elétrica, eletrônica, atômica, nuclear, mecatrônica, cibernética, biônica..., aliadas às mais diversas e inimagináveis áreas do conhecimento, transformaram a face do globo terrestre. Para o bem ou para o mal, o homem criou, para usar a expressão de William Shakespeare — depois tomada por Aldous Huxley para título de sua obra — um "Admirável Mundo Novo". E tudo, tudo, frise-se e repita-se, a partir da PALAVRA!*

"No princípio era o verbo (logos, isto é, palavra) e o verbo estava com Deus e o verbo era Deus". (Evangelho de João, capítulo 1, versículo 1).

"Pela fé entendemos que os mundos pela palavra de Deus foram criados". (Carta aos Hebreus, capítulo 11, versículo 2).

O grande Rui Barbosa diz que de uma expressão "Fiat lux", o universo foi criado. De uma palavra: "Surrexit", emergiu o mundo cristão."

J. B. Oliveira em *"Boas Dicas para Boas Falas"*.

JBO Editora, São Paulo – 5ª ed. – 2014.

Essas palavras, extraídas do livro acima citado, vêm à guisa de introdução ao estudo das relações do Profissional do Direito com a Comunicação.

8.1. O berço da comunicação humana

Já referida como ferramenta indispensável ao Advogado, precisamos entender bem a natureza e o manejo da Comunicação.

Para começar, importa destacar que sua origem não se dá — como muitos parecem pensar — na boca e sim no cérebro. Por isso, tenho realçado, nas palestras e nos cursos de oratória que ministro, esta importante advertência: "Antes de ligar a boca, ligue o cérebro"!

Ora, segundo demonstrado pelas neurociências, nosso cérebro se divide em dois hemisférios, um de cada lado do chamado corpo caloso, tendo funções bem distintas.

8.2. Lado esquerdo: o hemisfério da razão

Essa área de nosso cérebro é responsável pelo raciocínio lógico, coerente e inteligente. Seu uso é essencial para o Advogado, que deve falar e escrever de forma clara e inteligível, dizendo "coisa com coisa", isto é, desenvolvendo uma argumentação inteligente, precisa e pertinente. Afinal, ele está se dirigindo a um magistrado, que tem a mente preparada e até mesmo condicionada para analisar os autos com lógica.

Aliás, o próprio processo nada mais é que um sistema lógico: é o próprio método dialético na prática!

Na dialética, os elementos estruturais são: tese, antítese e síntese. A tese é uma afirmação ou situação apresentada. A antítese (na verdade, melhor seria dizer anti-tese...), como o nome sugere, é a negação da tese, com a qual se choca, fazendo surgir desse confronto a síntese.

Transportando para o processo, temos por tese a petição inicial; por antítese, a contestação e — completando o conjunto —, vem a síntese, representada pela sentença exarada pelo juiz.

Tanto isso é certo, que este é o caminhar o processo: o magistrado, após analisar criteriosamente, pinçar e citar elementos da petição inicial (tese) e da contestação (antítese), prolata a sentença (síntese).

Conclui-se, portanto, ser indispensável que que toda manifestação do profissional do direito, especialmente na petição inicial — ponto de partida do processo — se fundamente nestes princípios de lógica racional: clareza, coerência, correção e concisão!

Não há maior vexame para um advogado — verdadeira *"capitis deminutio máxima"* — do que ter sua petição indeferida por inépcia: demonstração cabal de sua incapacidade de comunicar seu pedido!

Para evitar isso, clareza, coerência e correção são essenciais. Por sua vez, a concisão — que consiste em "falar pouco e dizer muito" — assegura a leitura e a atenção do julgador. Frases e parágrafos longos prejudicam sua apreensão e compreensão. Exemplo nítido e recente é o caso do telegrama enviado pelo desembargador Raul Motta, do Tribunal de Justiça de São Paulo, ao juiz de Itu José Fernandes Minhoto, no caso do assassinato de Nélson Schincariol, dona da Cervejaria de mesmo nome, em 18.8.2003:

São Paulo, 15/ABR/2004 POR DETERMINAÇÃO DA EGRÉGIA 2º VICE-PRESIDÊNCIA, COMUNICO QUE A COLENDA PRIMEIRA CÂMARA CRIMINAL, SESSÃO REALIZADA EM JULGAMENTO DE *HABEAS CORPUS*, DESSA VARA, EM QUE É IMPETRANTE GLEISON LOPES DE OLIVEIRA, PROFERIU A SEGUINTE DECISÃO: "CONHECIDA EM PARTE, NA PARTE CONHECIDA CONCEDERAM PARCIALMENTE A ORDEM IMPETRADA, TÃO SOMENTE, PARA ANULAR O DEPOIMENTO DAS TESTEMUNHAS PROTEGIDAS PELO PROVIMENTO CG 32/2000, COM REINQUIRIÇÃO DAS MESMAS, APÓS AS PROVIDÊNCIAS CONSTANTES DO V. ACÓRDÃO, FICANDO DENEGADA A PRETENSÃO FORMULADA NA SUSTENTAÇÃO ORAL, DE CONCESSÃO DE ORDEM DE *HABEAS CORPUS*, DE OFÍCIO, DEFERINDO LIBERDADE PROVISÓRIA AO PACIENTE, RETIFICADA A TIRA DE JULGAMENTO ANTERIOR, NOS TERMOS DO PEDIDO HOJE OFERTADO.

O que ocorreu? Esse longuíssimo texto, com mais de 100 palavras, foi redigido em um só parágrafo, tornando-se ambíguo e obscuro! O juiz de Itu entendeu que o despacho concedia o *habeas corpus* e soltou o preso, mas o promotor protestou, e o juiz pediu confirmação. Constatado o erro, ele assim reclamou da redação do texto:

O TELEGRAMA ACOSTADO A FLS. 71, TRANSMITIDO POR DETERMINAÇÃO DA 2ª VICE-PRESIDÊNCIA DO EGRÉGIO TRIBUNAL DE JUSTIÇA, DE PÉSSIMA REDAÇÃO, GEROU DÚVIDA QUANTO A ESTENSÃO (SIC) DA CONCESSÃO DO *HABEAS CORPUS*, DANDO A ENTENDER, FACE A ANULAÇÃO PARCIAL DO PROCESSO, QUE TERIA SIDO DEFERIDA A LIBERDADE PROVISÓRIA DO PACIENTE.

8.3. Lado direito: o hemisfério da emoção

Estudos desenvolvidos pelas neurociências afirmam que esse lado do nosso cérebro é a área da emoção, da sensibilidade, da intuição e demais sentidos supra-sensoriais. Valorizada pela mulher, não o é pelo homem. *"A lógica pura é a perdição do homem"*, disse Antoine de Saint-Exupéry, aludindo à sua tendência natural de priorizar excessivamente a razão, em detrimento da emoção.

Em Direito, contudo, esse campo é de grande importância, uma vez que o ser humano não é uma máquina insensível, fria, mas uma criatura complexa, uma rara simbiose formada pelo pó da terra e pelo sopro de Deus. Descartes (1596 – 1640), sem embargo de ser Positivista, afirmava que o ser humano é composto por duas substâncias: a *res extensa* — o corpo — que possui extensão, podendo ser medido e calculado; e a *res cogitans, coisa pensante* — para ele, a mente — incorpórea e intangível. Dentro de seu Dualismo Cartesiano, é a mente que controla o corpo, agindo por meio da glândula pineal.

Indiscutível, portanto, que o ser humano possui algo mais além da dimensão física. É esse "algo mais" que o bom advogado tem também de atingir em seu objetivo de "obter o livre convencimento do juiz"!

Há alguns anos, proferi palestra sobre essa dicotomia, corpo/alma, na OAB de Valinhos. Terminada minha fala, o presidente da subseção franqueou a palavra aos presentes. O primeiro a usá-la foi um dos juízes daquela Comarca: "*Só agora eu entendi o que se passa em meu gabinete. Eu recebo todos os advogados que me procuram para falar sobre suas causas. Todos apresentam argumentações bem fundamentadas mas, em sua maioria, em nada alteram minha posição. Alguns, porém, levam-me a repensar o caso. Agora ficou claro: aqueles que discorrem apenas sobre o Direito, nada acrescentam, pois isso já li nos autos. Entretanto, os que agregam fatores extrajurídicos, como componentes emocionais, condições de saúde física ou mental de seu constituinte ou de seus entes queridos, situações pregressas de iniquidade ou injustiça social por ele sofridas, levam-me a repensar minhas convicções e a ponderar sobre a influência que tudo isso eventualmente possa ter tido em sua conduta ou no 'iter criminis'".*

Dois colegas, notáveis advogados, tendo preparado um Agravo em Recurso Especial para o STJ, consultaram minha opinião. Achei-o jurídica e racionalmente perfeito, mas sugeri uma "pitada" de emoção, que acataram. O mesmo pedido vinha sendo recusado sistematicamente desde a primeira instância. Tratava-se de prescrição de pena, que seria de rigor se o réu tivesse completado 70 anos **antes** da publicação da sentença. Mas ele completara sete dias após. O que aduzi foi isto:

> O Direito é uma Ciência Humana e pelo mesmo entendimento humanístico, haveria o julgador de considerar que, para a Justiça e para a Sociedade, o curto lapso de meros sete dias — e dias corridos — nada significa! Entretanto, para um cidadão de bem, chefe de família, de 70 anos de idade, pai e avô, faz toda a diferença do mundo! Representa a transformação radical de sua vida e a de todos que gravitam em seu redor. Estar sujeito a ser punido criminal, social e pecuniariamente é um fardo excessivamente pesado para seus quase três quartos de século de vida honrada e de sofridas lutas. A constatação matemática de que 70 anos correspondem a 25.550 dias, leva obrigatoriamente à conclusão de quão desproporcionais e iníquas são as duas realidades aqui consideradas!

Quem relatou o recurso, uma mulher, ministra Laurita Vaz, valorando esse aspecto — que cita parcialmente — acolheu o pedido e declarou extinta a punibilidade. Causa finalmente ganha!"

A verdade é que, em princípio, o ser humano não comete um crime, um delito "de graça". Há de haver alguma razão, próxima ou remota, pessoal ou familiar que o tenha levado a delinquir. Essa causa, "móvel do crime", como às vezes se designa, dificilmente será de natureza material, física. Em muitos casos, estará lá no mais íntimo da pessoa, em seus recalques, complexos, fantasmas, medos, tensões e que tais. De certa forma, e com as devidas reservas, verifica-se aqui a Teoria do Bom Nativo, de Jean Jacques Rousseau: todo o indivíduo nasce bom, sendo corrompido pelo meio social. Por isso é importante que o advogado converse longamente com seu constituinte, procurando puxar de seu interior elementos emocionais que possam fundamentar ou ao menos subsidiar, mais do que sua tese, seu plano de defesa, procurando atrair e conquistar a compreensão do julgador para detalhes extra-autos!

Conclusão

Aqui não termina a Comunicação. Aliás, nem aqui nem em lugar algum, porque ela é infinita, incomensurável, ampliando-se e se inovando a cada dia! Daí exigir-se o que se chama "estudo continuado"!

O que procurei pontuar, porém, é simples: a Comunicação Eficaz — aquela que funciona efetivamente — é o somatório da Razão e da Emoção!

A primeira para concatenar ideias e palavras de forma inteligente e coerente; a segunda para inserir o sentimento, a emoção, a alma, completando harmoniosamente a mensagem!

A verdade é que uma Comunicação baseada apenas na Razão é lógica, coerente, precisa, matemática, cartesiana até, mas "chata de doer"!

Já a que se apoia tão somente na Emoção, será motivadora, agradável, emotiva, mas sem conteúdo consistente, à semelhança de "fogo de palha"!

Em consequência, o segredo — que é, afinal, "segredo de polichinelo" — consiste apenas em trabalhar os dois hemisférios do mais extraordinário recurso de que todos dispomos: nosso cérebro, a presença de Deus no ser humano!

Referências Bibliográficas

ALMEIDA, Lúcio Rodrigues de. *Execução trabalhista*. Rio de Janeiro: AIDE Editora, 1997.

ANDREUCCI, Ricardo Antônio. *Direito penal do trabalho*. São Paulo: Saraiva, 2017.

BRAGA, Nelson Tomaz. *Exceção de pré-executividade*. Escola da Magistratura do Trabalho do Rio de Janeiro. Disponível em: <http://www.ematrarj.com.br/revista/artigos/artrev33.html>. Acesso em: 14 ago. 2003.

BRASIL. *Constituição Federal, Código Civil e Código de Processo Civil*. 3.ed. Porto Alegre: Verbo Jurídico, 2003.

BRASIL. Tribunal Regional do Trabalho da 23ª Região. Jurisprudência Trabalhista. *Síntese Trabalhista*, n. 143, maio 2001, p. 59.

BRASIL. Tribunal Superior do Trabalho. *Jurisprudência*. Disponível em: <http://www.tst.gov.br>. Acesso em: 15 ago. 2003.

CAHALI, Yussef Said. *Fraude contra credores*. São Paulo: RT, 1999.

CARRION, Valentin. *Comentários à Consolidação das Leis do Trabalho*. São Paulo: Saraiva, 2003.

CAPEZ, Fernando. *Curso de direito penal:* parte especial. Vol. 2. 2 ed. rev e atual – São Paulo: Saraiva, 2003.

CÓDIGO PENAL. Código de Processo Penal. Organizadores LUZ, Valdemar P. da; TONIAZZO, Paulo Roberto Froes (Orgs.). *Constituição Federal e legislação complementar*. 4. ed. Florianópolis: Conceito Editorial, 2009.

FARIAS, Rodrigo Nóbrega. A exceção de pré-executividade no processo do trabalho. *Tribunal Regional do Trabalho da 13ª Região*. Disponível em: <http://www.trt13.gov.br/revista/rodrigo>. Acesso em: 14 ago. 2003.

FREDIANI, Yone. *Exceção de pré-executividade no processo do trabalho*. São Paulo: LTr, 2002.

GERAIGE NETO, Zaiden. O processo de execução no Brasil e alguns tópicos polêmicos. In: SHIMURA, Sérgio. WAMBIER, Teresa Arruda Alvim. (Coords.). *Processo de execução e assuntos afins*. São Paulo: RT, 2001. v.2, p.749-764.

HAESER, Moacir Leopoldo. *Exceção de pré-executividade* [mensagem pessoal]. Recebida por: <daiana@sulware.com.br>. Em: 4 set. 2002.

JESUS, Damásio de. *Direito penal:* parte especial: vol. 3. 16. ed. ver. e atual. São Paulo: Saraiva, 2007.

KNIJNIK, Danilo. *A exceção de pré-executividade*. Rio de Janeiro: Forense, 2001.

LUCON, Paulo Henrique dos Santos. Objeção na execução (Objeção e exceção de pré-executividade). In: SHIMURA, Sérgio. WAMBIER, Teresa Arruda Alvim. (Coords.). *Processo de execução e assuntos afins*. São Paulo: RT, 2001. v. 2. p. 568-595.

LYRA FILHO, Roberto. *O que é direito*. 18. ed. São Paulo: Brasiliense, 1997.

LZN INFORMÁTICA E EDITORA. *Direito informatizado brasileiro*. LZN, 2002. 1 CD-ROM.

MALTA, Christóvão Piragibe Tostes. *Prática do processo trabalhista*. 31. ed. São Paulo: LTr, 2002.

MARZANO, Ângelo Alexandre; ZANLUQUI, Wilson Julio. Considerações sobre a negativa no Serasa. In: SHIMURA, Sérgio. WAMBIER, Teresa Arruda Alvim. (Coords.). *Processo de execução e assuntos afins*. São Paulo: RT, 2001. v. 2. p. 28-40.

MENEZES, Cláudio Armando Couce de; BORGES, Leonardo Dias. Objeção de exceção de pré--executividade e de executividade no processo do trabalho. *Síntese Trabalhista*, Porto Alegre, n. 115, p. 5, jan. 1999.

MOREIRA, Alberto Camiña. *Defesa sem embargos do executado*: exceção de pré-executividade. São Paulo: Saraiva, 2000.

NADER, Paulo. *Filosofia do direito*. Rio de Janeiro: Forense, 1999.

NASCIMENTO, Amauri Mascaro. *Curso de direito processual do trabalho*. 20. ed. São Paulo: Saraiva, 2001.

_____. *Curso de direito do trabalho*. São Paulo: Saraiva, 1999.

OLIVEIRA, Francisco Antônio de. *A execução na Justiça do Trabalho*. 4. ed. São Paulo: RT, 1999.

PINTO, José Augusto Rodrigues. *Execução trabalhista*. 9. ed. São Paulo: LTr, 2002.

PONTES DE MIRANDA, Francisco Cavalcanti. *Parecer n. 95*. Dez anos de pareceres. v. 4. Rio de Janeiro: Francisco Alves, 1975. p. 125-139.

PRETTI, Gleibe. *Procedimentos especiais na Justiça do Trabalho*. São Paulo: Saraiva. 2008.

SÍNTESE PUBLICAÇÕES. *Juris Síntese Millennium – Legislação, Jurisprudência, Doutrina e Prática Processual*. São Paulo: Síntese, 2002. 1 CD-ROM.

SIQUEIRA FILHO, Luiz Peixoto de. *Exceção de pré-executividade*. 3. ed. Rio de Janeiro: Lumen Juris, 2000.

STÜRMER, Gilberto. *A exceção de pré-executividade nos processos civil e do trabalho*. Porto Alegre: Livraria do Advogado, 2001.

TARTUCE, Flávio. Manual de direito civil. São Paulo: Método, 2014.

TEIXEIRA FILHO, Manoel Antonio. *Execução no processo do trabalho*. 7. ed. São Paulo: LTr, 2001.

THEODORO JÚNIOR, Humberto. *Processo de execução*. 33. ed. Rio de Janeiro: Forense, 2002.

UNIVERSIDADE DO VALE DO RIO DOS SINOS. *Processo Virtual do Trabalho*. Fase de Execução. Disponível em: <http://www.direito.unisinos.br/trabalho>. Acesso em: 16 ago. 2003.

Sites

<www.trt02.gov.br>.

<www.tst.gov.br>.

<www.direitonet.com.br>.

<www.otrabalho.com.br>.

<www.professorgleibe.com.br>.

<https://www.direitonet.com.br/artigos/exibir/6076/Os-crimes-contra-a-organizacao-do-trabalho>.

<http://www.stj.jus.br/SCON/jurisprudencia/doc.jsp?ref=ART+ADJ+%2700197%27&&b=ACOR&p=true&t=&l=10&i=10>.

<http://columbo2.cjf.jus.br/juris/unificada/Resposta Acesso em 12/05/2010>.

<https://fernando8.jusbrasil.com.br/artigos/218110285/pejotizacao-crime-e-fraude-a-legislacao-trabalhista>.

<http://www.migalhas.com.br/dePeso/16,MI256314,21048-Da+pratica+de+pejotizacao+reconhecida+judicialmente+a+fraude>.

<https://www.institutoidea.net.br/pejotizacao-dos-medicos-e-profissionais-de-saude-possibilidade-de-configuracao-de-crime-contra-a-ordem-tributaria/>.

<https://www.jota.info/opiniao-e-analise/colunas/coluna-do-stocche-forbes/coluna-stocche-forbes-fraude-legislacao-trabalhista-implicacoes-penais-29102016>.

<http://emporiododireito.com.br/leitura/lockout-e-crime-contra-a-organizacao-do-trabalho>.